消防工程便携手册系列

U0367938

消防监督员便携手册

主　编　郭树林　　胡　鑫

副主编　倪永智

参　编　张　亮　　胡睿麟　　桓晓东　　陈瑶函

机械工业出版社

本书实用性和针对性强、易学易懂、携带方便。主要包括基础知识、消防监督检查概论、电气和常用场所消防监督检查、室内消防监督检查、室外消防监督检查和消防安全管理监督检查几方面内容。本套丛书包括《消防监督员便携手册》《消防设施操作员便携手册》和《注册消防工程师便携手册》，是目前国内完整、系统的注册消防工程师从业人员参考书，填补了行业空白，对于提高注册消防从业人员技术水平具有积极指导作用，对于推动法治消防建设具有重要的现实意义。

本书可作为建筑消防设施施工、检查、维护人员等学习使用，也可用作高等院校建筑消防工程专业的教材。

图书在版编目（CIP）数据

消防监督员便携手册/郭树林，胡鑫主编 . —北京：机械工业出版社，2023.3（2024.6 重印）
（消防工程便携手册系列）
ISBN 978-7-111-72633-3

Ⅰ.①消…　Ⅱ.①郭…　②胡…　Ⅲ.①消防-监管制度-中国-手册
Ⅳ.①D631.6-62

中国国家版本馆 CIP 数据核字（2023）第 025671 号

机械工业出版社（北京市百万庄大街 22 号　邮政编码 100037）
策划编辑：闫云霞　　　　　　责任编辑：闫云霞　关正美
责任校对：韩佳欣　张　薇　　封面设计：张　静
责任印制：郜　敏
中煤（北京）印务有限公司印刷
2024 年 6 月第 1 版第 2 次印刷
130mm×184mm・4.75 印张・148 千字
标准书号：ISBN 978-7-111-72633-3
定价：19.00 元

电话服务　　　　　　　　　网络服务
客服电话：010-88361066　　机　工　官　网：www.cmpbook.com
　　　　　010-88379833　　机　工　官　博：weibo.com/cmp1952
　　　　　010-68326294　　金　书　网：www.golden-book.com
封底无防伪标均为盗版　　机工教育服务网：www.cmpedu.com

编写成员名单

主　编

郭树林　胡　鑫

副主编

倪永智

参　编

张　亮　胡睿麟

桓晓东　陈瑶函

前　言

消防工程师是指从事消防技术咨询、消防安全评估、消防安全管理、消防安全技术培训、消防设施检测、火灾事故技术分析、消防设施维护、消防安全监测、消防安全检查等消防安全技术工作的专业技术人员。随着消防领域新政策的出台，并经过七年的注册消防工程师考试，报考人数也在不断提升，消防工程师考试通过后，获得消防工程师资格，注册成为注册消防工程师后可以被指派为消防项目经理，参加工作后，就需要有这样一本速查速用手册，以便工作需要。

消防监督员，一般由市、地以上公安机关任命，并发给消防监督证作为执法证件。主要工作内容包括：对分管地区的单位，督促制定消防安全制度，建立健全消防组织；进行消防宣传，督促消除火险隐患，及时制止有可能引起火灾或爆炸危险的行为；指导专职消防队和义务消防队，开展防火检查，制定重点部位的灭火方案，并定期演练；参加火灾事故的调查、勘查和鉴定，提出处理意见。

结合我国近几年来各种消防安全管理等方面的经验，且遵循"预防为主，防消结合"的消防工作方针，以培养更多的掌握建筑消防安全的人才，我们编写了本套丛书。

本套丛书以最新的标准、规范为依据，具有很强的针对性和适用性。理论与实践相结合，更注重实际经验的运用；结构体系上重点突出、详略得当。

本套丛书在编写过程中参阅和借鉴了许多优秀书籍、图集，在此对其作者一并致谢。由于作者水平有限，尽管尽心尽力、反复推敲，仍难免存在疏漏或未尽之处，恳请各位读者提出宝贵意见并予以批评指正。

编　者

目　录

1 基础知识

☑ （1）燃烧与火灾

◆**燃烧的必要条件**

→可燃物
①能同空气中的氧气或其他氧化剂发生燃烧反应的物质。
②木材、纸张、汽油、煤油、衣被、石油及制品等。

→助燃物
①能与可燃物发生反应的物质称为助燃物（氧化剂）。
②是空气、氧气或其他氧化剂。

→引火源
①能引起可燃物与助燃物发生燃烧反应的能源。
②包括化学能、电能、机械能和核能等转变成的热能。

图　汽油

1

(续)

燃烧与火灾

◆ 燃烧的充分条件

→ 一定的可燃物

可燃气体（蒸气）只有达到一定浓度，才会发生燃烧（爆炸）。

→ 一定的氧气含量或者氧化剂

如果氧气浓度不够，燃烧也不会发生。

→ 一定的点火能量

不管何种形式的点火能量必须达到一定的强度才能引起燃烧反应。

→ 未受抑制的链式反应

大部分燃烧的发生和发展除了具备上述三个必要条件外，其燃烧过程中还存在未受抑制的自由基作为中间体。

◆ 燃烧的类型——闪燃

→ 易燃、可燃液体（包括能蒸发出蒸气的少量固体，如萘、樟脑、石蜡等）表面上产生的蒸气与空气混合后，当达到一定浓度时，遇引火源产生一闪即灭的燃烧现象，称为闪燃。

→ 易燃与可燃液体表面能够发生闪燃的最低温度称为闪点。

→ 闪点越低的液体其火灾危险性就越大。

图　石蜡

燃烧与火灾

◆ **燃烧的类型——引燃**

→可燃物质与空气氧化剂共存，达到某一温度时与火源接触即发生燃烧，将火源移去后，仍能继续燃烧，这种现象称为引燃。

→可燃物质开始持续燃烧时所需要的最低温度称为燃点。

→一切可燃液体的燃点都高于其闪点。

→易燃液体的燃点比其闪点高出 1~5℃，而且液体的闪点越低，这一差别越小。

→闪点在100℃以上的可燃液体，燃点与闪点的差值可达30℃以上。

◆ **燃烧的类型——自燃**

→分为受热自燃和本身自燃，其本质是一样的，只是热的来源不同，前者是外部加热的作用，后者是物质本身的热效应。

→受热自燃是指可燃物质在空气中，连续均匀地加热到一定的温度，在没有外部火花、火焰等火源的作用下，能够发生自动燃烧的现象。

→可燃物质受热发生自燃的最低温度称为自燃点。

→引起受热自燃的原因
接触灼热物体；直接用火加热；摩擦生热；化学反应；绝热压缩；热辐射作用。

→本身自燃是指可燃物质在空气中，在远低于自燃点的温度下自然发热，并且这种热量经长时间的积蓄使物质达到自燃点而燃烧的现象。

→本身自燃发热的原因有物质氧化生热、分解生热、吸附生热、聚合生热和发酵生热。

◆ **燃烧的类型——爆炸（概念）**

→爆炸是物质从一种状态迅速转变成另一种状态，并在瞬间放出大量能量，同时产生声响的现象。

→是由物理变化和化学变化引起的。

1 基础知识

(续)

◆ **可燃气体或蒸气与空气混合物的爆炸**

→爆炸反应的历程

①可燃气体或蒸气预先按一定比例与空气均匀混合，遇火源即发生爆炸，这种混合物称为爆炸混合物。

②爆炸混合物被点燃后，热以及链锁载体都向外传播，促使邻近一层爆炸混合物发生化学反应，然后这一层又成为热和链锁载体的源头而引起另一层爆炸混合物反应，如此循环直至全部爆炸混合物反应完成。

→爆炸浓度极限

①可燃气体或蒸气与空气的混合物，遇着火源能够发生爆炸的可燃物的最低浓度称为爆炸浓度下限（也称为爆炸下限）。

②遇火源能发生爆炸的最高浓度称为爆炸浓度上限（也称为爆炸上限）。

→最小点火能量

每一种气体爆炸混合物，都有起爆的最小点火能量，低于该能量，混合物就不爆炸，目前都采用 mJ（毫焦耳）作为最小点火能量的单位。

◆ **可燃粉尘与空气混合物的爆炸**

→粉尘是指分散的固体物质。

→粉尘爆炸是指悬浮于空气中的可燃粉尘触及明火或电火花等火源时发生的爆炸现象。

→可燃粉尘爆炸应具备三个条件

粉尘本身具有可燃性，粉尘必须悬浮在空气中并与空气混合到爆炸浓度，有足以引起粉尘爆炸的火源。

└爆炸下限

能够发生爆炸的悬浮粉尘的浓度，也有一个浓度下限和一个浓度上限，通常用 g/m^3 来表示。通常只应用粉尘的爆炸下限。

燃烧与火灾

◆ **燃烧性能参数**

→ 闪点

是指在规定的试验条件下，可燃性液体或固体表面产生的蒸气在试验火焰作用下发生闪燃的最低温度。

→ 燃点

在规定的试验条件下，物质在外部引火源作用下表面起火并持续燃烧一定时间所需的最低温度，称为燃点。

→ 自燃点

在规定的条件下，可燃物质产生自燃的最低温度称为自燃点。在这一温度时，物质与空气（氧）接触，不需要明火的作用就能发生燃烧。

◆ **火灾发生的常见原因**

→ 电气

主要与电气线路故障、电气设备故障以及电加热器具使用不当等因素有关。

→ 吸烟不慎

点燃的香烟及未熄灭的火柴杆温度可达到800℃，能引燃许多可燃物质，在起火原因中占有相当的比重。

→ 生活用火不慎

主要是指城乡居民家庭生活用火不慎。

→ 生产作业不慎

主要是指违反生产安全制度引起的火灾。

→ 玩火

未成年人因缺乏看管，玩火取乐，也是造成火灾发生常见的原因之一。此外，燃放烟花爆竹也属于"玩火"的范畴。

→ 放火

是指人蓄意制造火灾的行为。一般是当事人以放火为手段达到某种目的。

→ 雷击

①雷电直接作用在建筑物上发生热效应、机械效应作用等。

②雷电产生静电感应作用和电磁感应作用。

③高电位雷电波沿着电气线路或金属管道系统侵入建筑物内部。

燃烧与火灾

1 基础知识

(续)

燃烧与火灾	**◆ 防火的基本方法** →控制可燃物 ①以难燃、不燃材料代替可燃材料，如用水泥代替木材建造房屋。 ②降低可燃物质（通常指可燃气体、粉尘等）在空气中的浓度，如在车间或库房采取全面通风或局部排风，使可燃物不易积聚。 ③将可燃物与化学性质相抵触的其他物品隔离保存，并防止"跑、冒、漏、滴"等。 →隔绝助燃物 ①对于一些易燃物品，可采取隔绝空气的方法来贮存，如钠存于煤油中、磷存于水中、二硫化碳用水封存放等。 ②在有的生产、施工环节，可以通过在设备容器中充装惰性介质等保护方式来隔绝助燃物。 →控制引火源 ①防火防爆技术的重点应是对引火源的控制。 ②在生产加工过程中，对于几类常见引火源，通常的做法有禁止明火、控制温度、使用无火花和静电消除设备、接地避雷、设置火星熄灭装置等。 **◆ 灭火的方法——冷却灭火** →可燃物一旦达到着火点，就会燃烧或持续燃烧。 →在一定条件下，将可燃物的温度降到着火点以下，燃烧即会停止。 →对于可燃固体，将其冷却在燃点以下；对于可燃液体，将其冷却在闪点以下，燃烧反应就可能会中止。 →用水扑灭一般固体物质引起的火灾，主要是通过冷却作用来实现的，水具有较大的比热容和很高的汽化热，冷却性能很好。 →水喷雾灭火系统的水雾，其水滴直径细小，比表面积大，和空气接触范围大，极易吸收热气流的热量，也能很快地降低温度，效果更为明显。

燃烧与火灾

◆ **灭火的方法——隔离灭火**

→ 在燃烧三要素中，可燃物是燃烧的主要因素。将可燃物与氧气、火焰隔离，就可以中止燃烧、扑灭火灾。

→ 自动喷水-泡沫联用系统在喷水的同时喷出泡沫，泡沫覆盖于燃烧液体或固体的表面，在发挥冷却作用的同时，将可燃物与空气隔开，从而可以灭火。

→ 在扑灭可燃液体或可燃气体火灾时，迅速关闭输送可燃液体或可燃气体管道的阀门，切断流向着火区的可燃液体或可燃气体的输送管道，同时打开可燃液体或可燃气体通向安全区域的阀门，使已经燃烧或即将燃烧或受到火势威胁的容器中的可燃液体、可燃气体转移。

◆ **灭火的方法——窒息灭火**

→ 可燃物的燃烧是氧化作用，需要在最低氧浓度以上才能进行，低于最低氧浓度，燃烧不能进行，火灾即被扑灭。

→ 一般氧浓度低于 15% 时，就不能维持燃烧。

→ 在着火场所内，可以通过灌注非助燃气体，如二氧化碳、氮气、蒸汽等，来降低空间的氧浓度，从而达到窒息灭火。

→ 水喷雾灭火系统工作时，喷出的水滴吸收热气流热量而转化成蒸汽，当空气中水蒸气浓度达到 35% 时，燃烧即停止。

◆ **灭火的方法——化学抑制灭火**

→ 由于有焰燃烧是通过链式反应进行的，如果能有效地抑制自由基的产生或降低火焰中的自由基浓度，即可使燃烧中止。

→ 化学抑制灭火的常见灭火剂有干粉灭火剂和七氟丙烷灭火剂。

→ 化学抑制灭火速度快，使用得当可有效地扑灭初起火灾，减少人员伤亡和财产损失。

→ 对于有焰燃烧火灾效果好，而对深位火灾由于渗透性较差，灭火效果不理想。

→ 在条件许可的情况下，采用化学抑制灭火的灭火剂与水、泡沫等灭火剂联用会取得明显效果。

1 基础知识

(2) 爆炸与易燃易爆危险品

爆炸与易燃易爆危险品

◆**气体和液体的爆炸极限** [用体积分数（％）表示]

→氢气：①在空气中下限：4.0；在空气中上限：75.6。②在氧气中下限：4.7；在氧气中上限：94.0。

→乙炔：①在空气中下限：2.5；在空气中上限：82.0。②在氧气中下限：2.8；在氧气中上限：93.0。

→甲烷：①在空气中下限：5.0；在空气中上限：15.0。②在氧气中下限：5.4；在氧气中上限：60.0。

→乙烷：①在空气中下限：3.0；在空气中上限：12.45。②在氧气中下限：3.0；在氧气中上限：66.0。

→丙烷：①在空气中下限：2.1；在空气中上限：9.5。②在氧气中下限：2.3；在氧气中上限：55.0。

→乙烯：①在空气中下限：2.75；在空气中上限：34.0。②在氧气中下限：3.0；在氧气中上限：80.0。

→丙烯：①在空气中下限：2.0；在空气中上限：11.0。②在氧气中下限：2.1；在氧气中上限：53.0。

→氨：①在空气中下限：15.0；在空气中上限：28.0。②在氧气中下限：13.5；在氧气中上限：79.0。

→环丙烷：①在空气中下限：2.4；在空气中上限：10.4。②在氧气中下限：2.5；在氧气中上限：63.0。

→一氧化碳：①在空气中下限：12.5；在空气中上限：74.0。②在氧气中下限：15.5；在氧气中上限：94.0。

→乙醚：①在空气中下限：1.9；在空气中上限：40.0。②在氧气中下限：2.1；在氧气中上限：82.0。

→丁烷：①在空气中下限：1.5；在空气中上限：8.5。②在氧气中下限：1.8；在氧气中上限：49.0。

→二乙烯醚：①在空气中下限：1.7；在空气中上限：27.0。②在氧气中下限：1.85；在氧气中上限：85.5。

◆ **气体和液体爆炸极限的影响因素**

→ 火源能量。引燃混合气体的火源能量越大，可燃混合气体的爆炸极限范围越宽，爆炸危险性越大。

→ 初始压力。可燃混合气体初始压力增加，爆炸范围增大，爆炸危险性增加。值得注意的是，干燥的一氧化碳和空气的混合气体初始压力上升，其爆炸极限范围缩小。

→ 初温。混合气体初温越高，混合气体的爆炸极限范围越大，爆炸危险性越大。

→ 惰性气体。可燃混合气体中加入惰性气体，会使爆炸极限范围变小，一般上限降低，下限变化比较复杂。当加入的惰性气体超过一定量以后，任何比例的混合气体均不能发生爆炸。

◆ **可燃粉尘的爆炸极限**

→ 粉尘爆炸极限是粉尘和空气混合物，遇火源能发生爆炸的最低浓度（下限）和最高浓度（上限），通常用单位体积中所含粉尘的质量（g/m^3）表示。

→ 许多工业粉尘的爆炸下限为 $20 \sim 60 g/m^3$，爆炸上限为 $2000 \sim 6000 g/m^3$。

→ 粉尘的爆炸上限一般没有实用价值，通常只应用粉尘的爆炸下限。

→ 爆炸下限越低的粉尘，爆炸的危险性越大。

→ 爆炸压力、悬浮状态下的粉尘自燃点等也是衡量粉尘爆炸危险性大小的重要参数。

图　粉尘爆炸

(续)

爆炸与易燃易爆危险品

◆部分粉尘的爆炸特性（1）

→镁：①爆炸下限/（g/m³）：20。②最大爆炸压力/×10⁵Pa：5.0。③自燃点/℃：520。

→铝：①爆炸下限/（g/m³）：35～40。②最大爆炸压力/×10⁵Pa：6.2。③自燃点/℃：645。

→镁铝合金：①爆炸下限/（g/m³）：50。②最大爆炸压力/×10⁵Pa：4.3。③自燃点/℃：535。

→钛：①爆炸下限/（g/m³）：45。②最大爆炸压力/×10⁵Pa：3.1。③自燃点/℃：460。

→铁：①爆炸下限/（g/m³）：120。②最大爆炸压力/×10⁵Pa：2.5。③自燃点/℃：316。

→锌：①爆炸下限/（g/m³）：500。②最大爆炸压力/×10⁵Pa：6.9。③自燃点/℃：860。

→煤：①爆炸下限/（g/m³）：35～45。②最大爆炸压力/×10⁵Pa：3.2。③自燃点/℃：610。

→硫：①爆炸下限/（g/m³）：35。②最大爆炸压力/×10⁵Pa：2.9。③自燃点/℃：190。

→玉米：①爆炸下限/（g/m³）：45。②最大爆炸压力/×10⁵Pa：5.0。③自燃点/℃：470。

→黄豆：①爆炸下限/（g/m³）：35。②最大爆炸压力/×10⁵Pa：4.6。③自燃点/℃：560。

→花生壳：①爆炸下限/（g/m³）：85。②最大爆炸压力/×10⁵Pa：2.9。③自燃点/℃：570。

→砂糖：①爆炸下限/（g/m³）：19。②最大爆炸压力/×10⁵Pa：3.9。③自燃点/℃：410～525。

→小麦：①爆炸下限/（g/m³）：9.7～60。②最大爆炸压力/×10⁵Pa：4.1～6.6。③自燃点/℃：380～470。

→木粉：①爆炸下限/（g/m³）：12.6～25。②最大爆炸压力/×10⁵Pa：7.7。③自燃点/℃：225～430。

→软木：①爆炸下限/（g/m³）：30～35。②最大爆炸压力/×10⁵Pa：7.0。③自燃点/℃：815。

→纸浆：①爆炸下限/（g/m³）：60。②最大爆炸压力/×10⁵Pa：4.2。③自燃点/℃：480。

→脲醛树脂：①爆炸下限/（g/m³）：90。②最大爆炸压力/×10⁵Pa：4.2。③自燃点/℃：470。

<table>
<tr>
<td rowspan="2">爆炸与易燃易爆危险品</td>
<td>

◆ 部分粉尘的爆炸特性（2）

→ 环氧树脂：①爆炸下限/（g/m³）：20。②最大爆炸压力/×10⁵Pa：6.0。③自燃点/℃：540。

→ 聚乙烯树脂：①爆炸下限/（g/m³）：30。②最大爆炸压力/×105Pa：6.0。③自燃点/℃：410。

→ 聚丙烯树脂：①爆炸下限/（g/m³）：20。②最大爆炸压力/×10⁵Pa：5.3。③自燃点/℃：420。

→ 聚苯乙烯：①爆炸下限/（g/m³）：15。②最大爆炸压力/×10⁵Pa：5.4。③自燃点/℃：560。

→ 聚乙酸乙烯树脂：①爆炸下限/（g/m³）：40。②最大爆炸压力/×10⁵Pa：4.8。③自燃点/℃：550。

→ 硬脂酸铝：①爆炸下限/（g/m³）：15。②最大爆炸压力/×10⁵Pa：4.3。③自燃点/℃：400。

◆ 爆炸的直接原因

→ 物料原因
①工作场所过量堆放物品，对易燃易爆危险品未采取安全防护措施。
②产品下机后不待冷却便入库堆积。
③不按规定掌握投料数量、投料比、投料先后顺序，控制失误或设备故障造成物料外溢。
④生产过程中产生的粉尘或可燃气体达到爆炸极限。

→ 作业行为原因
①违反操作规程、违章作业、随意改变操作控制条件。
②生产和生活用火不慎，乱用炉火、灯火，乱丢未熄灭的火柴杆、烟蒂；判断失误、操作不当，对生产出现超温、超压等异常现象束手无策。
③不遵循科学规律指挥生产、盲目施工、超负荷运转等。

→ 生产设备原因
①选材不当或材料质量有问题，导致设备存在先天性缺陷。
②由于结构设计不合理，零部件选配不当，导致设备不能满足工艺操作的要求。
③由于腐蚀、超温、超压等导致出现破损、失灵、机械强度下降、运转摩擦部件过热等。

→ 生产工艺原因
①物料的加热方式方法不当，致使引燃引爆物料。
②对工艺性火花控制不力而形成引火源。
③对化学反应型工艺控制不当，致使反应失控。
④对工艺参数控制失灵，导致出现超温、超压现象。

</td>
</tr>
</table>

爆炸与易燃易爆危险品

◆常见爆炸引火源

→机械火源

撞击、摩擦产生火花。

→热火源

① 高温热表面。生产工艺的加热装置，以及高温物料的传送管线、高压蒸汽管线及高温反应塔等设备表面温度都比较高，可燃物料与这些高温表面接触时间过长，就有可能引发燃烧式爆炸事故。

②日光照射并聚焦。直射的太阳光通过凸透镜、凹面镜、圆形玻璃瓶、有气泡的平板玻璃等，会聚焦形成高温焦点，可能点燃可燃性物质。

→电火源

①电火花。电气开关合闸、断开时产生的火花、电弧，或者由于电气设备短路、过载、接触不良或其他原因产生的火花、电弧或危险温度。

②静电火花。在工业生产过程中，撕裂、剥离、拉伸、撞击、粉碎、筛分、滚压、搅拌、输送、喷涂和过滤物料，还有气体、液体的流动、溅泼、喷射等各种操作，都可能产生静电。

③雷电。雷电产生的火花温度之高可熔化金属。

└化学火源

①生产过程中的明火主要是指加热用火、维修用火和其他火源。

②烟头、火柴、烟囱飞火、机动车排气管喷火都可能引起可燃物料的燃爆。

③化学反应热和发热自燃也是常见爆炸引火源。

图　机械火源

爆炸与易燃易爆危险品

◆ 爆炸品

→ 爆炸性

在一定作用下，能以极快的速度发生猛烈的化学反应，产生的大量气体和热量在短时间内无法逸散开去，致使周围的温度迅速上升和产生巨大的压力而引起爆炸。

→ 敏感度

① 任何一种爆炸品的爆炸都需要外界供给它一定的能量——起爆能。

② 某种爆炸品所需的最小起爆能，即为该爆炸品的敏感度。

③ 不同形式的爆炸品对不同形式的外界作用的敏感度是不同的。

④ 影响爆炸品敏感度的因素很多，而爆炸品的化学组成和结构是决定敏感度的内在因素。

⑤ 影响炸药敏感度的外来因素还有温度、杂质、结晶、密度等。

◆ 易燃气体的分级

→ Ⅰ级

爆炸下限小于 10%；或者不论爆炸下限如何，爆炸极限范围不小于 12 个百分点。

→ Ⅱ级

爆炸下限不小于 10% 且不大于 13%，且爆炸极限范围小于 12 个百分点。

→ 实际应用中，通常还将爆炸下限小于 10% 的气体归为甲类火灾危险性物质，爆炸下限不小于 10% 的气体归为乙类火灾危险性物质。

◆ 易燃气体的易燃易爆性

→ 比液体、固体易燃，并且燃速快。

→ 一般来说，由简单成分组成的气体［如氢气（H_2）］比复杂成分组成的气体［如甲烷（CH_4）、一氧化碳（CO）等］易燃，燃烧速度快，火焰温度高，着火爆炸危险性大。

→ 价键不饱和的易燃气体比相对应价键饱和的易燃气体的火灾危险性大。

1
基础知识

(续)

爆炸与易燃易爆危险品

◆ 易燃气体的扩散性

→ 比空气轻的气体逸散在空气中可以无限制地扩散，与空气形成爆炸性混合物，并能够顺风飘散，迅速蔓延和扩展。

→ 比空气重的气体泄漏出来时，往往飘浮于地表、沟渠、隧道、厂房死角等处，长时间聚集不散，易与空气在局部形成爆炸性混合气体，遇引火源发生着火或爆炸。

→ 密度大的易燃气体一般都有较大的发热量，在火灾条件下易于使火势扩大。

◆ 易燃气体的可缩性和膨胀性

→ 当压力不变时，气体的温度与体积成正比，即温度越高，体积越大。

→ 当温度不变时，气体的体积与压力成反比，即体积越大，压力越小。

→ 在体积不变时，气体的温度与压力成正比，即温度越高，压力越大。

◆ 易燃气体的带电性

→ 气体中所含的液体或固体杂质越多，多数情况下产生的静电荷也越多。

→ 气体的流速越快，产生的静电荷也越多。

→ 液化石油气喷出时，产生的静电电压可达 9000V，其放电火花足以引起燃烧。

◆ 易燃气体的腐蚀性、毒害性

→ 腐蚀性主要是指一些含氢、硫元素的气体具有的腐蚀性。

→ 危险性最大的是氢，氢在高压下能渗透到碳素中去，使金属容器发生"氢脆"。

→ 一氧化碳、硫化氢、二甲胺、氨、溴甲烷、二硼烷、二氯硅烷、锗烷、三氟氯乙烯等气体，除具有易燃易爆性外，还有相当的毒害性。

→ 在处理或扑救此类有毒气体火灾时，应特别注意防止中毒。

◆ **易燃液体的分级**

→ **Ⅰ级**
初沸点小于或等于35℃，如汽油、正戊烷、环戊烷、环戊烯、乙醛、丙酮、乙醚、甲胺水溶液、二硫化碳等。

→ **Ⅱ级**
闪点小于23℃，且初沸点大于35℃，如石油醚、石油原油、石脑油、正庚烷及其异构体、辛烷及其异辛烷、苯、粗苯、甲醇、乙醇、噻吩、吡啶、香蕉水、显影液、镜头水、封口胶等。

→ **Ⅲ级**
闪点大于或等于23℃并小于或等于60℃，且初沸点大于35℃，如煤油、磺化煤油、浸在煤油中的金属锏、铷、铈和壬烷及其异构体、癸烷、樟脑油、乳香油、松节油、松香水、癣药水、制动液、影印油墨、照相用清除液、涂底液、医用碘酒等。

图　一甲胺水溶液

◆ **易燃液体的火灾危险性——易燃性**

→ 液体的燃烧实质上是液体蒸气的氧化还原反应。

→ 易燃液体燃烧的难易程度，即火灾危险的大小，主要取决于它们的分子结构和分子量的大小。

消防监督员便携手册

爆炸与易燃易爆危险品

◆ 易燃液体的火灾危险性——爆炸性

→ 当挥发出的易燃蒸气与空气混合，达到爆炸极限浓度范围时，遇明火就会发生爆炸。

→ 易燃液体的挥发性越强，爆炸危险就越大。

→ 不同液体的蒸发速度随其所处状态的不同而变化，影响其蒸发速度的因素有温度、沸点、密度、压力、流速等。

◆ 易燃液体的火灾危险性——受热膨胀性

→ 易燃液体具有受热膨胀性，贮存于密闭容器中的易燃液体受热后，本身体积膨胀的同时蒸气压力增加，若超过了容器所能承受的压力限度，就会造成容器膨胀，以致爆裂。

→ 夏季盛装易燃液体的桶，常出现鼓桶现象及玻璃容器爆裂现象，就是由于受热膨胀所致。

◆ 易燃液体的火灾危险性——流动性

→ 流动性是液体的通性，易燃液体的流动性增加了火灾危险性。

→ 易燃液体渗漏会很快向四周扩散，能扩大其表面积，加快挥发速度，提高空气中的蒸气浓度，易于起火蔓延。

→ 火场中贮罐（容器）一旦爆裂，液体就会四处流散，造成火势蔓延，扩大着火面积，给施救工作带来一定困难。

→ 为了防止液体泄漏、流散，在贮存时应备事故槽（罐），构筑防火堤，设水封井等。

→ 液体着火时，应设法堵截流散的液体，防止其蔓延扩散。

图　易燃液体燃烧

◆ **易燃液体的火灾危险性——带电性**

→多数易燃液体在灌注、输送、喷流过程中能够产生静电，当静电荷聚集到一定程度则放电发火，有引起着火或爆炸的危险。

◆ **易燃液体的火灾危险性——毒害性**

→易燃液体本身或其蒸气大都具有毒害性，有的还有刺激性和腐蚀性。

→易燃液体蒸发气体通过呼吸道、消化道和皮肤进入人体，造成人体中毒。

→中毒的程度与蒸气浓度和作用时间有关。

→浓度低、时间短则中毒程度轻；反之则重。

→液体着火时，应设法堵截流散的液体，防止其蔓延扩散。

爆炸与易燃易爆危险品

1 基础知识

（续）

◆ 易燃固体的分类

→ 易燃烧的固体和通过摩擦可能起火的固体。

主要包括湿发火粉末（用充分的水湿透，以抑制其发火性能的钛粉、锆粉等），铈、铁合金（打火机用的火石），三硫化二磷等硫化物，有机升华的固体（如冰片、萘、樟脑）等。

→ 固态退敏爆炸品

①为抑制爆炸性物质的爆炸性能，用水或酒精湿润爆炸性物质，或者用其他物质稀释爆炸性物质后，形成的均匀固态混合物，有时也称湿爆炸品。

②如含水量不少于 10%（质量分数）的苦味酸铵、二硝基苯酚盐、硝化淀粉等均属此类。

→ 自反应物质

①是指即使没有氧气，也容易发生激烈放热分解的热不稳定物质。在无火焰分解情况下，某些自反应物质可能散发毒性蒸气或其他气体。

②主要包括脂肪族偶氮化合物、芳香族硫代酰肼化合物、亚硝基类化合物和重氮盐类化合物等固体物质。

图　铈

◆ 易燃固体的分级

→ 一级易燃固体包括非晶形磷（红磷）、三硫化二磷（不含黄磷和白磷）、亚磷酸二氢铅、氢化钛、铁铈合金等。

→ 二级易燃固体包括熔融硫黄、硝基萘、樟脑（合成的）、赛璐珞板等。

图　红磷

◆ **易燃固体的火灾危险性**

→ 燃点低、易点燃

易燃固体的着火点一般都在300℃以下，在常温下只要有能量很小的引火源与之作用即能引起燃烧。

→ 遇酸、氧化剂易燃易爆

绝大多数易燃固体与酸、氧化剂（尤其是强氧化剂）接触，能够立即引起着火或爆炸。

→ 燃烧产物有毒

①很多易燃固体燃烧后能产生有毒的物质。

②硝基化合物、硝基棉及其制品、重氮氨基苯等易燃固体，由于本身含有硝基（$-NO_2$）、亚硝基（$-NO$）、重氮基（$-N == N-$）等不稳定的基团，在燃烧的条件下都有可能爆炸，燃烧时还会产生大量的一氧化碳、氰化氢等有毒气体。

③部分易燃（如硫黄、三硫化四磷等）本身具有毒性，且吸入粉尘后也能引起中毒。

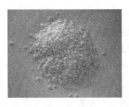

图　硫黄

爆炸与易燃易爆危险品

1
基础知识

爆炸与易燃易爆危险品

◆ 易于自燃物质的分类

→ 发火物质

①是指即使只有少量与空气接触，在不到 5 min 内便燃烧的物质。

②包括混合物和溶液（液体和固体），如白磷、三氯化钛等。

→ 自热物质

①是指发火物质以外的与空气接触无须能源供应便能自己发热的物质。

②包括赛璐珞碎屑、油纸、潮湿的棉花等。

图　白磷弹

◆ 易于自燃物质的火灾危险性

→ 遇空气自燃性

易于自燃的物质大部分化学性质非常活泼，具有极强的还原性，接触空气后能迅速与空气中的氧化合，并产生大量的热，达到其自燃点而着火，接触氧化剂和其他氧化性物质反应更加强烈，甚至爆炸。

→ 遇湿易燃性

硼、锌、锑、铝的烷基化合物类易自燃物质，化学性质非常活泼，具有极强的还原性，遇氧化剂、酸类反应剧烈，除在空气中能自燃外，遇水或受潮还能分解自燃或爆炸。

→ 积热自燃性

硝化纤维胶片、废影片、X 光片等，在常温下就能缓慢分解，产生热量，自动升温，达到其自燃点而引起自燃。

图　硼

◆ **遇水放出易燃气体的物质的分类**

→一种是遇水发生剧烈的化学反应，释放出的热量能把反应产生的可燃气体加热到自燃点发生自燃，如金属钠、碳化钙等。

→另一种是遇水能发生化学反应，但释放出的热量较少，不足以把反应产生的可燃气体加热到自燃点，但当可燃气体一旦接触火源也会立即着火燃烧，如氢化钙、连二亚硫酸钠（保险粉）等。

图　保险粉

爆炸与易燃易爆危险品

1
基础知识

（续）

◆遇水放出易燃气体的物质的危险性

→遇水或遇酸燃烧性

①遇水或遇酸燃烧性是此类物质的共同危险性，着火时，不能用水及泡沫灭火剂扑救，应用干砂、干粉灭火剂和二氧化碳灭火剂等进行扑救。

②其中的一些物质与酸或氧化剂反应时，比遇水反应更剧烈，着火爆炸危险性更大。

→自燃性

有些遇水放出易燃气体的物质（如金属碳化物、硼氢化合物）放置于空气中即具有自燃性，有的（如氢化钾）遇水能生成可燃气体放出热量而具有自燃性。

→爆炸性

一些遇水放出易燃气体的物质（如碳化钙等）与水作用生成可燃气体，并与空气形成爆炸性混合物。

→其他

①有些物质遇水作用的生成物（如磷化物）除有易燃性外，还有毒性。

②有的虽然与水接触，反应不太激烈，放出热量不足以使产生的可燃气体着火，但是遇外来火源还是有着火爆炸的危险性。

图　碳化钙

◆氧化性物质的分类

→按物质形态划分，氧化性物质可分为固体氧化性物质和液体氧化性物质。

→根据氧化性能强弱，无机氧化性物质通常分为两级。

→一级主要是碱金属或碱土金属的过氧化物和盐类，如过氧化钠、高氯酸钠、硝酸钾、高锰酸钾等。

→二级氧化性物质虽然也容易分解，但比一级稳定，是较强氧化剂，能引起燃烧。除一级外的所有无机氧化剂均为二级氧化性物质，如亚硝酸钠、亚氯酸钠、连二硫酸钠、重铬酸钠、氧化银等。

图　高锰酸钾

◆氧化性物质的火灾危险性

→受热、被撞分解性
在现行列入氧化性物质管理的危险品中，除有机硝酸盐类外，都是不燃物质，但当受热、被撞击或摩擦时易分解出氧，若接触易燃物、有机物，特别是与木炭粉、硫黄粉、淀粉等混合时，能引起着火和爆炸。

→可燃性
①氧化性物质绝大多数是不燃的，但也有少数具有可燃性。
②主要是有机硝酸盐类，如硝酸胍、硝酸脲等。
③还有过氧化氢尿素、高氯酸醋酐溶液、二氯异氰尿酸或三氯异氰尿酸、四硝基甲烷等。

爆炸与易燃易爆危险品

消防监督员便携手册

爆炸与易燃易爆危险品

→ 与可燃液体作用自燃性

有些氧化性物质与可燃液体接触能引起燃烧。

→ 与酸作用分解性

氧化性物质遇酸后，大多数能发生反应，而且反应常常是剧烈的，甚至会引起爆炸。

→ 与水作用分解性

有些氧化性物质，特别是活泼金属的过氧化物，遇水或吸收空气中的水蒸气和二氧化碳能分解放出氧原子，致使可燃物质爆燃。

→ 强氧化性物质与弱氧化性物质作用分解性

强氧化剂与弱氧化剂接触能发生复分解反应，产生高热而引起着火或爆炸。

→ 腐蚀毒害性

不少氧化性物质还具有一定的腐蚀毒害性，能毒害人体，烧伤皮肤。

◆ **有机过氧化物的火灾危险性**

→ 分解爆炸性

由于有机过氧化物都含有极不稳定的过氧基（-O-O-），对热、振动、冲击和摩擦都极为敏感，所以当受到轻微的外力作用时即分解。

→ 易燃性

有机过氧化物不仅极易分解爆炸，而且特别易燃。例如，过氧化叔丁醇的闪点为 26.67℃。所以，扑救有机过氧化物火灾时应特别注意爆炸的危险性。

✓ （3）火灾控制与危险化学品安全防范

◆建筑按使用性质分类

→民用建筑

①居住建筑，供人们居住使用的建筑，如住宅、公寓、宿舍等。

②公共建筑，供人们进行各种公共活动的建筑，包括生活服务性建筑、文教建筑、托幼建筑、办公科研建筑、医疗建筑、商业金融建筑、交通建筑、广播电视建筑、体育建筑、观演建筑、展览建筑、旅馆建筑、园林建筑和纪念性建筑等。

→工业建筑

工业建筑是工业性生产为主要功能的建筑和贮存各类物质的建筑，包括厂房和仓贮设施，如各类生产厂房、库房、筒仓、贮罐、生产装置等。

图　筒仓

◆建筑按结构类型分类

→砖木结构

建筑的主要承重构件采用砖、木制作，其竖向承重构件采用砖砌，水平承重构件采用木材，一般用于1~3层的房屋。

→砌体结构

建筑的竖向承重构件采用砖墙或砖柱等砌体构筑，一般用于楼层较低的建筑。

（续）

→钢筋混凝土结构

建筑的主要承重构件采用现浇或预制装配式钢筋混凝土构件，多用于大空间的单层建筑和多、高层建筑。

→钢结构

建筑的主要承重构件由钢材制成。这类结构多用于大跨度民用建筑、超高层建筑和单、多工业建筑。

→木结构

建筑的结构体系主要采用木材，有普通木结构、承重木结构、胶合木结构、轻型木结构之分，一般用于 1~6 层的房屋，我国现行国家标准规定木结构建筑不应超过 3 层。

→混合结构

建筑的竖向承重构件采用砖墙或砖柱，水平承重构件采用钢筋混凝土楼板或钢结构架，或上部楼层与下部楼层分别采用不同的结构体系。砖混结构是我国目前广泛存在的一种结构形式，一般用于 1~6 层的房屋。

图　木结构

◆ **建筑按层数或高度分类**

→单层建筑

只有一层的建筑，建筑高度不限。

→多层建筑

2 层及以上且民用建筑的建筑高度小于或等于 24m，住宅建筑的建筑高度小于或等于 27m 的建筑。

→高层建筑

建筑高度大于27m的住宅建筑和建筑高度大于24m的其他多层建筑。

→地下、半地下建筑

设置在地坪以下，房间地面低于室外设计地面平均高度且大于房间平均净高1/3的建筑。

◆ **建筑按耐火等级分类**

→建筑的耐火等级是衡量其耐火程度高低的标准，由其构件或结构的燃烧性能和耐火极限确定。

→建筑按其耐火等级可分为一级、二级、三级、四级和木结构。

◆ **建筑室内火灾的发展过程**

→大致可分为初起、全面发展和衰退三个阶段。

◆ **建筑火灾在室内的蔓延**

→火焰接触

①可燃物燃烧的火焰直接点燃周围的可燃物，使之着火燃烧。

②这种蔓延形式多发生在可燃物连续分布或距离较近的条件下。

→延烧

室内固体可燃物表面或可燃、易燃液体表面上的某处着火后，火焰沿可燃物的表面连续、不断地向着火点外扩展。

→热传导

着火房间的间隔墙或楼板等在火灾作用下不断升温，而将热量传导至其另一侧表面并使靠近这些墙体、金属管道或在楼板上的可燃物发生自燃。

→热辐射

火源附近的可燃物虽未直接接触火焰或导热体，但通过火焰或热烟气层的热辐射作用被引燃。

火灾控制与危险化学品安全防范

1 基础知识

火灾控制与危险化学品安全防范

└→热对流

①室内的热烟气密度低于室外空气的密度，热烟气因室内外空气的压力差作用向上升腾，并由窗口上部流出室外，室外空气则由窗口下部补充进室内，新鲜空气受热膨胀后又向上升腾，这样不断循环形成热对流现象。

②热对流能使热烟气所经路线上的可燃物着火。

◆ 建筑火灾在室外的蔓延

→ 火焰接触

相邻建筑间无任何分隔，着火建筑的火焰直接引燃邻近建筑上的可燃物。

→ 热对流

通过高温烟气与邻近建筑物直接接触，使之不断加热，引起可燃物燃烧。

→ 热辐射

以辐射形式传递热能量的方式，引燃邻近建筑物。

└→飞火

在风和热气流作用下，燃烧物向较远的地方飘落并形成新的着火点。

◆ 被动防火技术——建筑布局与建筑内部空间的平面布置

→ 合理的建筑平面布局与内部空间布置，对于减小火灾危害具有重要作用。

→ 对于工业工程，应根据功能分区和不同区域的火灾危险性及其作用范围、周围自然环境条件，如水源、道路、地势、地质等和气象条件。

→ 对于民用建筑工程，应根据城市或城镇的总体规划和防灾综合规划及消防专项规划，建筑周围道路、建筑的高度和危险性等环境条件合理进行布置。

→ 对于建筑内的空间布置，则要根据建筑的竖向和水平疏散条件，建筑内不同火灾危险性空间的分隔与位置，建筑内的使用人员分布和建筑的自防自救能力。

火灾控制与危险化学品安全防范

◆ **被动防火技术——建筑的耐火等级**

→ 建筑的耐火等级是衡量建筑物自身所具备耐火性能高低的尺度。

→ 我国现行国家标准将建筑物的耐火等级划分为 4 级：一级的耐火性能最高，并将木结构独立作为一类耐火等级的建筑，其耐火等级介于三级与四级之间。

→ 一座建筑的耐火等级由组成该建筑的所有构件或结构的耐火性能决定，在现行国家标准中主要通过规定建筑的主要承重构件，如墙、柱、梁、楼板等的燃烧性能和耐火极限来使建筑达到相应的耐火等级。

→ 耐火极限是在标准耐火试验条件下，建筑构件、配件或结构从受到火的作用时起，至失去承载能力或完整性被破坏或失去隔热作用时止所用时间。

◆ **耐火极限对承载能力的判定**

→ 构件在耐火试验期间能够持续保持其承载能力的时间。

→ 判定参数为变形量和变形速率。

→ 考虑到构件变形在达到稳定阶段后会发生相对快速的变形速率，因此依据变形速率的判定应在变形量超过 $L/30$ 之后才可应用。

→ 承载能力的丧失

◆ **耐火极限对完整性的判定**

→ 构件在耐火试验期间能够持续保持耐火隔火性能的时间。

→ 完整性的丧失
　　①棉垫被点燃。
　　②缝隙探棒可以穿过。
　　③背火面出现火焰且持续时间超过 10s。

1
基础知识

消防监督员便携手册

火灾控制与危险化学品安全防范

◆**耐火极限对隔热性的判定**

→ 构件在耐火试验期间能够持续保持耐火隔热性能的时间。

→ 隔热性的丧失

①平均温度温升超过初始平均温度140℃。

②任一点位置的温度温升超过初始温度（包括移动热电偶）180℃（初始温度应是试验开始时背火面的初始平均温度）。

◆**被动防火技术——防火分隔**

→ 建筑的防火分隔分为建筑内和建筑外的防火分隔。

→ 在建筑外部，防火分隔主要通过设置防火间距和防火墙来实现。

→ 在建筑内部，防火分隔主要是指采用防火墙等划分防火分区，采用防火隔墙等划分更小的防火空间。

→ 防火间距需根据建筑的火灾危险性类别、建筑高度和耐火等级或可燃物贮量等综合考虑确定。

→ 防火分区要根据建筑物的高度、耐火等级和层数等综合考虑确定，防火分区内的进一步防火分隔，则要根据区域内不同空间的火灾危险性和重要性以及人员密度等确定。

→ 防火分区是采用具有一定耐火性能的建筑构件或防火分隔物，在建筑内人为划分的、能在一定时间内防止火灾向同一建筑物的其他部分蔓延的局部空间，包括水平防火分区和竖向防火分区。

→ 水平防火分区用以防止火灾向水平方向扩大蔓延，竖向防火分区用以防止火灾在楼层之间蔓延。

→ 防火分区除采用防火墙、耐火楼板等分隔外，还可根据具体情况采用防火门、防火窗、防火卷帘、防火幕、防火分隔水幕等进行分隔。

→ 在防火分区内进一步采用防火隔墙和耐火楼板划分的防火空间，是建筑内防止火灾蔓延的基本防火单元，主要用于将防火分区内火灾危险性较高或重要性较大的空间与其他部位进行分隔。

◆ **被动防火技术——建筑材料与制品的燃烧性能**

→建筑材料与制品，如建筑内部装修材料与装饰品、日用家具、仪器仪表等的燃烧性能对火灾的发展和人员的安全疏散具有较大影响。

→在建筑内尽量使用不燃和难燃材料，不使用或少使用可燃材料，特别是发烟量大、毒性大的材料。

→对于需要使用的有机合成材料或其他可燃材料，目前大多采用阻燃的方法降低其着火性能，减轻火灾燃烧的强度，对材料进行阻燃处理是一种重要的方法。

→阻燃技术是采用合适的化学试剂（阻燃剂、改性剂）或合成技术（引入阻燃结构）从本质上改变聚合物材料的热物理性质和化学性质，使其成为难以被点燃的材料，或者为材料本身提供外在隔热、隔氧保护层而使其免于发生燃烧的一系列科学方法和手段。

→现有的主要聚合物阻燃技术是直接向聚合物基体添加各种阻燃剂，在熔融条件下共混、挤出、造粒、注塑、成型。

→所谓阻燃剂是用以提高材料抗燃性，即阻止材料被引燃及抑制火焰传播的助剂，主要有氢氧化铝、氢氧化镁、多聚磷酸铵和红磷等无机阻燃剂，溴系和氯系等含卤阻燃剂，磷酸酯等有机磷阻燃剂，三聚氰胺及其衍生物三嗪系等氮系有机阻燃剂。

◆ **主动防火技术——火灾自动报警系统**

→是由触发器件、火灾报警装置、火灾警报装置以及具有其他辅助功能的装置组成的系统，是人们为了早期发现、通报火灾，并及时采取有效措施，控制和扑灭火灾而设置在建筑内的一种消防设施。

→一般包括火灾探测器、火灾报警控制器和火灾报警按钮、声光警报装置和应急广播等。

→根据建筑的规模和火灾报警系统的设置范围，可分别采用区域报警系统、集中报警系统和控制中心报警系统。

→主要用于需要尽早报警并通知人员疏散，设置灭火设施、防火分隔设施、排烟设施等需与火灾自动报警系统联动设施的场所。

火灾控制与危险化学品安全防范

1 基础知识

消防监督员便携手册

火灾控制与危险化学品安全防范

图　火灾报警装置

◆ 主动防火技术——自动灭火系统

→是在发生火灾后能够依靠热敏元件或火灾自动报警系统自行启动并进行控火、灭火的系统，主要用于扑救和控制建筑内的初起火灾。

→常用的自动灭火系统有自动喷水、水喷雾、气体、干粉、细水雾、泡沫、烟雾和固定炮灭火系统及气溶胶和厨房灭火装置等。

→水是通过冷却方式灭火，适用于扑救可燃固体火灾，当喷出的水滴更细而成为水喷雾或细水雾时，适用范围更广。

→固定消防炮相当于保护范围更大的手动或遥控大流量消火栓，自动跟踪定位射流灭火系统相当于保护范围可变且较大的自动喷水灭火系统，但灭火时通常为射流水。

→气体灭火系统的主要灭火机理为化学抑制和稀释氧，适用于扑救固体的表面火灾和其他类别的火灾。

→对于火灾后需及时恢复其工作连续性和不对保护对象造成明显损害的场所，该类系统具有明显优势。

→干粉灭火系统和气溶胶系统的灭火机理也为化学抑制作用。

→干粉灭火系统主要采用氮气作为动力，气溶胶则采用自身燃烧产生的气体作为动力，两者灭火后均对保护对象有明显的残留物污染。

→泡沫灭火系统分低倍数、中倍数和高倍数泡沫灭火系统。中、低倍数泡沫主要用于扑灭 B 类液体火灾，高倍数泡沫可用于扑灭 A 类火灾，但需设置围挡。

◆ **主动防火技术——防烟与排烟设施**

→ 防烟是指使用某些耐火性能好的物体或者采用机械加压送风的方式，阻止烟气进入特定的区域。

→ 常用的挡烟设施有楼板、隔墙、挡烟垂壁、挡烟幕布等，这种方法适用于建筑物与起火区没有开口、缝隙的区域。

→ 对于起火区有开口、缝隙的区域，需要采用机械加压送风的方法。

→ 排烟是指采用自然排烟或机械排烟的方式，使烟气沿着对人和物没有危害的通道排除到建筑外，从而减轻烟气的有害影响。

→ 排烟窗、排烟井是建筑物中常见的自然排烟形式，主要用于烟气具有足够大的浮力、能克服其他阻碍烟气流动的驱动力的区域。

→ 采用风机进行机械排烟虽需要增加很多设备，但可克服自然排烟的缺点，能够有效排除烟气。

→ 对于规模大的建筑，内部结构往往较复杂，常采用多种方式进行烟气控制。防排烟方式的合理性，不仅关系到烟气控制的效果，而且具有很大的经济意义。

图　挡烟垂壁

火灾控制与危险化学品安全防范

1 基础知识

火灾控制与危险化学品安全防范

◆ 雷电及其危害

→ 直击雷

①是雷雨云对大地和建筑物的放电现象。

②以强大的冲击电流、炽热的高温、猛烈的冲击波、强烈的电磁辐射损坏放电通道上的建筑物、输电线、室外设备，击死击伤人、畜，造成局部财产和人、畜伤亡。

③直击雷防护主要解决建筑物和建筑物天面设备防直击雷的问题。

→ 雷电感应高电压及雷电电磁脉冲

①是由于雷雨云之间和雷雨云与大地之间放电时，在放电通道周围产生的电磁感应、雷电电磁脉冲辐射以及雷云电场的静电感应，使建筑物上的金属部件，如管道、钢筋、电源线、信号传输线、天馈线等感应出雷电高电压。

②这种雷通过这些线路进入室内的管道、电缆、走线桥架等引入室内造成放电，损坏电子、微电子设备。

图　直击雷

◆ 建筑物的防雷分级——第一类防雷建筑物

→凡制造、使用或贮存火炸药及其制品的危险建筑物，因电火花而引起爆炸或爆轰，会造成巨大破坏和人身伤亡者。

具有 0 区或 20 区爆炸危险场所的建筑物。

→具有 1 区或 21 区爆炸危险场所的建筑物，因电火花而引起爆炸，会造成巨大破坏和人身伤亡者。

（续）

<table>
<tr><td rowspan="2">火灾控制与危险化学品安全防范</td><td>

◆ **建筑物的防雷分级——第二类防雷建筑物**

→国家级重点文物保护的建筑物。

→国家级的会堂、办公建筑物、大型展览和博览建筑物、大型火车站和飞机场、国宾馆、国家级档案馆、大型城市的重要给水水泵房等特别重要的建筑物。

→国家级计算中心、国际通信枢纽等对国民经济有重要意义的建筑物。

→国家级或甲级大型体育馆。

→制造、使用或贮存火炸药及其制品的危险建筑物，且电火花不易引起爆炸或不致造成巨大破坏和人身伤亡者。

→具有1区或21区爆炸危险场所的建筑物，且电火花不易引起爆炸或不致造成巨大破坏和人身伤亡者。

→具有2区或22区爆炸危险场所的建筑物。

→有爆炸危险的露天钢质封闭气罐。

→预计雷击次数大于0.05次/a的部、省级办公建筑物或其他重要或人员密集的公共建筑物或危险场所。

→预计雷击次数大于0.25次/a的住宅、公共建筑等一般性民用建筑物或一般性工业建筑物。

◆ **建筑物的防雷分级——第三类防雷建筑物**

→省级重点文物保护的建筑物及省级档案馆。

→预计雷击次数大于或等于0.01次/a，但小于0.05次/a的部、省级办公建筑物或其他重要或人员密集的公共建筑物或危险场所。

→预计雷击次数大于或等于0.05次/a，但小于0.25次/a的住宅、公共建筑等一般性民用建筑物或一般性工业建筑物。

→在年平均雷暴日大于15d/a的地区，高度大于或等于15m的烟囱、水塔等孤立的高耸建筑物；在年平均雷暴日小于或等于15d/a的地区，高度大于或等于20m的烟囱、水塔等孤立的高耸建筑物。

</td></tr>
</table>

1 基础知识

35

图　烟囱

◆ **建筑防雷技术措施——第三类防雷建筑物**

→综合防雷系统包括外部防雷系统和内部防雷系统。

→防雷装置是用于减少闪击作用于建（构）筑物上或建（构）筑物附近造成的物质性损害和人身伤亡的装置，由外部防雷装置和内部防雷装置组成。

→外部防雷装置由接闪器、引下线、接地装置等组成。

→接闪器可以防止直击雷，其功能是把接引来的雷电流，通过引下线和接地装置等金属材料将雷电流安全地引下（引下线）并泄入大地，保护建筑物免受雷击损害，也是目前唯一有效的外部防雷方法。

图　防雷装置

◆ 接闪器——接闪杆

→ 接闪杆是将雷电引向自身并泄入大地，使被保护物免遭直接雷击的杆状金属防雷装置。

图　接闪杆

◆ 接闪器——接闪线

→ 最初的形式只是富兰克林所设计的磨尖的铁棒。

→ 为了使输电线路少受雷击，在电力系统中采用输电线路上方架设平行钢线避雷的方法。这种架设在输电线路上方的金属线，就是接闪线。

→ 后来在房屋建筑上也推广了这种简单有效的形式，布设在屋脊、房檐等处用作防雷电保护措施。

◆ 接闪器——接闪带

→ 在房屋建筑雷电保护上，用以代替钢线接闪的扁平金属带，它是由避雷线改进而来的。

→ 接闪带比接闪杆有更多的优点，特别是占地面积较大的建筑物，其保护范围大而有效。

→ 接闪带一般采用扁钢制作，截面面积不小于 $48mm^2$，厚度不小于 $4mm$。

1

基础知识

（续）

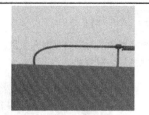

图　接闪带

◆ 接闪器——接闪网

→ 一般利用钢筋混凝土结构中的钢筋网（必要时，还可以辅助设置避雷网），也称为暗装接闪网。

→ 根据法拉第笼的原理实现防雷保护的金属导电体网络，暗装接闪网是把最高处的屋顶作为接闪设备。

→ 根据一般建筑物的结构做法，钢筋距混凝土面层为 6 ~ 7m，混凝土面层越薄，接闪效果越好。

→ 防水层和隔热层较厚的建筑物，如钢筋距面层厚度大于 20cm，则需另外设置辅助避雷网。

→ 辅助避雷网一般用直径不小于 6mm 的镀锌圆钢，网格大小可根据建筑物的重要性，分别采用圆钢制成。

◆ 接闪器的工作原理

→ 接闪器一般处于建筑物的最高处，与雷雨云的距离较近，且接闪器与大地有良好的电气连接，与大地具有相同的电位。

→ 接闪器与带电云层形成了一个"电容器"，电容器的两极板正对面积很小（接闪器端部面积较小），电容也就很小，所能容纳的电荷少，而它又聚集了大量与带电云层相反的电荷，造成接闪器附近空间的电场强度较大，容易吸引雷电。

→ 当云层上电荷较多时，接闪器与云层之间的空气就容易被击穿而成为导体，使带电云层、接闪器、大地三者之间形成通路，把大地积存的电能能量迅速传递到雷雨云层中泄放，或把雷雨云层中积存的电荷能量传递到大地中泄放。

火灾控制与危险化学品安全防范

◆ 静电及其危害

→静电是指绝缘物质上携带的相对静止的电荷，当物体表面失去电子就显示正电，而得到电子就显示负电。

→高电位的静电电荷会引发燃烧和爆炸，影响产品质量和元件正常，产生电击、影响安全生产等危害。

◆ 防静电的措施——接地

→接地是将一些防静电产品或者其他设备连接到一条地线上，采用埋地线的方法建立"独立"地线，使地线与大地之间的电阻小于 10Ω，泄放导体上可能集聚的电荷。

→人体通过手腕带接地。

→人体通过防静电鞋（或鞋带）和防静电地板接地。

→工作台面接地。

→测试仪器接地。

→防静电地板、地垫接地。

→防静电转运车、箱、架尽可能接地。

→防静电椅接地。

图　防静电鞋

◆ 防静电的措施——使用静电消除器

→常用的静电消除器有离子风机、离子风枪、离子头、离子棒等，这些静电消除器可防止在一定范围内产生静电。

→离子风机通过在静电消除器上产生大量的正负离子，然后利用风将这些离子吹到有静电的地方，使静电吸引相反极性的离子而被中和，从而消除聚积在产品或设备表面上的静电。

1 基础知识

图　离子风机

◆防静电的措施——使用静电消除剂

→使用静电消除剂擦洗仪器和物体表面，能迅速消除物体表面的静电。

→静电消除剂以油脂为原料，主要成分为季铵盐，它的作用是使化纤、橡胶、塑料等物体的表面吸附空气中的水分，增加导电率。

图　静电消除剂

◆防静电的措施——静电屏蔽

→使用静电屏蔽袋和防静电周转箱，使静电敏感元件在贮存或运输过程中暴露于有静电的区域中，是常用的静电屏蔽方法。

→用静电屏蔽的方法可削弱外界静电对电子元件的影响。

图　静电屏蔽袋　　　　图　防静电周转箱

◆**防静电的措施——控制环境湿度**

→当空气的相对湿度在65%～70%时，物体表面往往会形成一层极微薄的水膜。

→水膜能溶解空气中的CO_2，使其表面电阻率大大降低，不易积聚静电荷。

→如果周围空气的相对湿度降至40%～50%时，静电不易逸散，就有可能形成高电位。

→增加空气湿度的常用方法是向空气中喷水雾，一般选用旋转式风扇喷雾器，从墙外吹入。

→如计算机机房、实验室、电子仪器的装调车间，应考虑保持一定湿度。

→北方地区或在干燥的冬季，因静电产生故障的事件要远大于东南沿海地区或其他季节。

◆**防止静电危险**

→在有些情况下，静电积聚不可避免，电压迅速上升，甚至造成放电时，则要采取措施使其虽放电但不致引起火灾、爆炸。

→静电防护工作是一项系统工程，任何环节的疏漏或失误，都将导致静电防护工作的失败，必须时时防范，人人防范。

◆**电气问题引发火灾爆炸的原因——电火花或电弧**

→电火花是电极间气体在放电能量不足或外电路阻抗较大时的击穿放电现象。

→电弧是在电源能持续提供大电流的条件下，因热电离在间隙中形成明亮、高电导、高温通道的一种强烈自持放电现象。

→电火花和电弧产生的原因

①电气设备正常工作和操作过程中产生的火花，如电动机换相、开关切合等。

②线路和设备发生故障以及不正常操作时产生的火花、电弧，如短路、绝缘损坏、误操作等。

③雷电、静电、高频感应。

火灾控制与危险化学品安全防范

1

基础知识

火灾控制与危险化学品安全防范

◆ **电气问题引发火灾爆炸的原因——电气设备和线路等过热**

→ 电流通过电气设备的能量损耗，经过热量形式转换导致运行设备温度升高。如短路、超负荷、连接部分接触不良，均会导致温度达到危险值。

→ 电气设备中的铁磁材料在交流电流的作用下，因磁滞损耗和涡流损耗而产生热量。由于材料性能、工艺装配质量以及磁通密度过高等原因，将使铁损增大而产生高温。

→ 绝缘材料的绝缘劣化后，泄漏电流、介质损耗增加，导致绝缘热损坏，或由于绝缘性质劣化，在电场作用下电击穿而产生大量的热使温度升高。

→ 运转的机械设备出现不正常状况，如调整不当、个别部分间隙过小、不应有的机械接触，造成摩擦、撞击而产生高温。

→ 工作的电加热设备外表面有较高温度，如电熨斗、白炽灯泡等，这些设备平时工作温度就在几百摄氏度以上，在使用不当时，如安全间距不够、安全措施不妥，常会引起火灾。

→ 散热不良。由于环境温度过高或使用方式不当，散热设施工作条件不正常，如变压器油量不足、电动机通风道堵塞等，使散热条件恶化，造成设备温度过高。

◆ **电气问题引发火灾爆炸的原因——电气设备本身结构的危险因素**

→ 部分电气设备中存在大量可燃物，如油浸变压器、多油开关等，在电弧作用下油可分解为大量油雾及可燃性气体。

→ 发电机氢冷装置、酸性蓄电池充放电过程中可能泄漏出氢等可燃性气体，在电气设备周围形成爆炸性混合气氛。

→ 电气设备和线路由于绝缘老化、积污、受潮、化学腐蚀或机械损伤会造成绝缘强度降低或破坏，导致相间或对地短路，熔断器熔体熔断。

图 油浸变压器

◆**气体（粉尘）燃烧爆炸危险场所的电气安全分级**

→根据国家标准《爆炸危险环境电力装置设计规范》（GB 50058—2014），对气体（粉尘）燃烧爆炸危险场所的电气安全等级进行划分。

→可有区别地选择电气设备和采取相应等级的安全预防措施，达到安全生产和经济合理的目的。

◆**防爆电气设备的分类**

→按照相关规定，防爆电气设备分为Ⅰ类和Ⅱ类：Ⅰ类是煤矿井下使用的电气设备，Ⅱ类是工厂使用的电气设备。

→防爆安全型（标志 e）
在正常运行时不产生火花、电弧或危险温度，又称增安型。

→隔爆型（标志 d）
有坚固的防爆外壳，在电气设备内部发生爆炸时，其外壳能承受 0.78 ~ 0.98MPa 的内部压力而不损坏，即使内部爆炸也不会引起外部空间爆炸性混合物爆炸。

→防爆充油型（标志 o）
①把可能产生火花、电弧或危险温度的带电导体浸在绝缘油中，使其不引起油面上爆炸性混合物爆炸。
②一般要求油面高出发热和产生火花处 10mm 以上，油温要求不超过 80℃，必要时设置排气孔。

火灾控制与危险化学品安全防范

→防爆正压通风型（标志 p）

①可向外壳内通入新鲜空气或充入惰性气体，并能使其保持正压，以阻止外部爆炸性混合物进入外壳内部，防止爆炸。

②防爆正压通风型外壳设有进出气口，利用机械通风造成壳内外压力差，这种设备外壳为全封闭式结构。

③使用电气设备时应保证先启动通风设备，然后再启动电气设备，而停止时程序相反。

→防爆特殊型（标志 s）

①是在结构上不属于上述各种类型的防爆电气设备。

②采取其他防爆措施，如浇注环氧树脂及充填石英砂等措施。

→本质安全型（标志 i）

①在正常运行或标准试验条件下，所产生的火花或热效应均不能点燃爆炸性混合物。

②本质安全型又分 ia、ib 两类：ia 类可用于 0 级区域内；ib 类仅用于 1 级及 1 级以下区域。

③ia 类设备在正常运行或加一个故障或联合两个故障运行时，不能点燃周围危险物质；ib 类设备在正常运行或单独加一个故障时，不能点燃周围危险性物质。

→充砂型电气设备（标志 g）

外壳内充填细颗粒材料，在规定使用条件下，外壳内产生的电弧、火焰传播、壳壁或颗粒材料表面的过热温度等均不能点燃周围的爆炸性混合物。

→无火花型（标志 n）

这类设备在正常运行条件下，不产生电弧或火花，也不产生能够点燃周围爆炸性混合物的高温表面或灼热点，并且一般不会发生有点燃作用的故障。

火灾控制与危险化学品安全防范

◆ 防爆电气设备的选型原则

→符合整体防爆的原则，安全可靠，经济合理。

→符合燃爆危险场所的分类分级和区域范围的划分。

→符合燃爆危险场所内气体和蒸气的级别、组别和有关特征数据。

→符合电气设备的种类和规定的使用条件。

→所选电气设备的型号不低于该场所内燃爆危险物质的级别和组别。当存在两种以上气体混合物时，按危险程度较高的级别、组别选用。

→所选电气设备的型号符合使用环境条件的要求，如防腐、防潮、防日晒、防雨雪风沙等，以保障运行条件下不会降低其防爆性能。

◆ 危险化学品的分类（1）

→爆炸品，如苦味酸、黑索金、梯恩梯和硝酸甘油等。

→气体，包括压缩气体、液化气体、溶解气体和冷冻液化气体、一种或多种气体与一种或多种其他类别物质的蒸气的混合物、充有气体的物品和烟雾剂，如液氯、二氧化硫、氟等。

→易燃液体，如环己烷、苯、乙醇、丙酮、乙醚等。

→易燃固体、易于自燃的物质、遇水放出易燃气体的物质。易燃固体，如红磷、硝化棉等；易于自燃的物质，如三乙基铝、黄磷等；遇水放出易燃气体的物质，如电石、金属钠、钙等。

→氧化性物质和有机过氧化物，如过氧化氢溶液、高锰酸钾、过乙酸等。

→毒性物质和感染性物质，如氰化氢、对硝基甲苯、二硝基甲苯等。

→放射性物质，如硝酸钍、硝酸铀、独居石等。

→腐蚀性物质，如硝酸、乙酸、甲醛等。

→杂项危险物质和物品。

1

基础知识

（续）

图　硝化棉

◆ 危险化学品的分类（2）

→点火源的引入。主要是由于外来火种，如明火作业、吸烟、火星等；内部设施问题，如操作不当引起的电火花、撞击火花；太阳能、化学能等。

→违反不能混存物品的规定。由于缺乏知识或场地不足将性质相抵触的化学危险品混放。如强氧化剂与还原剂放在一起，容器泄漏，相混发生火灾。

→产品变质。如硝酸甘油因超过安全贮存期导致起火爆炸。

→管理不当。未采取隔热降温措施，使物品受热、受潮或容器破损物品接触空气等造成危险。

→包装损坏或不符合要求。

→违反操作规程。

→建筑不符合存放要求。危险品库房的建筑设施不符合要求，造成库房内温度过高、通风不良、湿度过大、漏雨进水、阳光直射、缺少保暖设施，使物品不能安全贮存。

→雷击、灭火不利等其他原因。

火灾控制与危险化学品安全防范

◆ 危险化学品库房设计的防火要求

→ 根据国家标准《建筑设计防火规范》（GB 50016—2014）（2018年版），甲、乙类危险化学品库房的耐火等级、占地面积和层数应符合相关要求。

→ 地面，应为易冲洗、不燃烧、撞击不发生火花的地面。

→ 屋顶和屋面，应采取隔热降温的双层通风式屋顶。

→ 墙，应有隔热的外墙，其厚度应大于36cm。

→ 门、窗，应符合相应的门窗数量和设置要求。

→ 电气照明和防雷，应考虑电气照明的种类及防爆要求，大型的危险品库房必须安装避雷装置。

→ 专项危险品库房，如液化气瓶、易燃液体、自燃物品、放射物品、腐蚀性物品、遇水放出易燃气体的物品等库房，都应按专项要求进行建造。

图　液化气瓶

1
基础知识

2 消防监督检查概论

✅ （1）消防监督检查的基本概念

<table>
<tr><td rowspan="3">消防监督检查的基本概念</td><td colspan="2">◆ 消防监督检查的性质</td></tr>
</table>

◆ **消防监督检查的性质**

→消防监督检查的主体是公安机关消防机构、公安派出所。

→消防监督检查的对象是单位。

→消防监督检查的内容是单位遵守消防法律、法规的情况。消防监督检查是对单位守法情况的检查。

◆ **消防监督检查的主体**

→直辖市、市（地区、州、盟）、县（市辖区、县级市、旗）公安机关消防机构。

→公安派出所。

◆ **消防监督检查的形式**

→对公众聚集场所在投入使用、营业前的消防安全检查。

→对单位履行法定消防安全职责情况的监督抽查。

→对举报投诉的消防安全违法行为的核查。

→对大型群众性活动举办前的消防安全检查。

→根据需要进行的其他消防监督检查。

消防监督检查的基本概念	◆ **消防监督检查的基本要求**
	→ 调阅相关文书档案，了解掌握单位基本情况、建筑情况，以及建筑消防设施设置和对该单位的相关监督执法情况，准备好相关法律文书和检查器材。
	→ 实施现场检查时，消防监督检查人员不得少于2人，并出示执法身份证件。
	→ 填写"消防监督检查记录"，如实记录检查情况，并由消防监督检查人员和被检查单位随同检查人员阅后签名；对记录有异议或者拒绝签名的，消防监督检查人员应当在记录上注明。
	→ 对检查发现的问题区分不同情况依法作出相应处理。

✓ （2）单位履行消防安全职责情况的消防监督抽查

单位履行消防安全职责情况的消防监督抽查	◆ **消防监督抽查组织实施的时间和对象要求**
	→ 公安机关消防机构根据本地区火灾规律、特点等消防安全需要组织监督抽查；在火灾多发季节、重大节日、重大活动前或者期间，应当组织监督抽查。
	→ 监督抽查对象包括消防安全重点单位和非消防安全重点单位。
	→ 消防安全重点单位应当作为监督抽查的重点，非消防安全重点单位必须在监督抽查的单位数量中占有一定比例。
	→ 对属于人员密集场所的消防安全重点单位每年至少监督检查一次。
	◆ **消防监督抽查组织实施的工作安排要求**
	→ 每次组织监督抽查，公安机关消防机构应当根据本辖区内消防安全重点单位和其他单位的总量、分布、类型、火灾危险性等情况，以及本级公安机关消防机构从事监督检查人员的数量和抽查工作的量化标准，制订并向社会公告抽查计划，确定检查的范围、内容、抽查单位的数量、时间安排等，并按计划组织实施。

2

消防监督检查概论

(续)

└→ 对监督检查的结果，公安机关消防机构可以通过适当方式向社会公告；对检查发现的影响公共安全的重大火灾隐患应当定期向社会公布。

◆ **消防监督抽查组织实施的程序要求**

→ 应当事前做好相应的准备，并按照法定的程序和要求进行；对检查发现的火灾隐患和消防违法行为，应当区分不同情形依法作出相应处理。

→ 具体包括现场检查、责令改正、重大火灾隐患监督整改、临时查封、强制执行和消防行政处罚等，但不是对每一个单位的监督抽查都会经历所有程序和步骤。

◆ **消防监督抽查准备**

→ 了解拟检查单位的基本情况。

→ 准备检查的文书和器材。

→ 通知被抽查的单位。

◆ **对所有单位都应当现场检查的内容**

→ 建筑物或者场所是否依法通过消防验收或者进行竣工验收消防备案，公众聚集场所是否依法通过投入使用、营业前的消防安全检查。

→ 建筑物或者场所的使用情况是否与消防验收或者进行竣工验收消防备案时确定的使用性质相符。

→ 消防安全制度、灭火和应急疏散预案是否制定。

→ 消防设施、器材和消防安全标志是否定期组织维修保养，是否完好、有效。

→ 电器线路、燃气管路是否定期维护保养、检测。

→ 疏散通道、安全出口、消防车通道是否畅通，防火分区是否改变，防火间距是否被占用。

単位履行消防安全职责情况的消防监督抽查

<table>
<tr><td rowspan="2" style="writing-mode: vertical-lr;">单位履行消防安全职责情况的消防监督抽查</td><td>

→是否组织防火检查、消防演练和员工消防安全教育培训，自动消防系统操作人员是否持证上岗。

→生产、贮存、经营易燃易爆危险品的场所是否与居住场所设置在同一建筑物内。

→生产、贮存、经营其他物品的场所与居住场所设置在同一建筑物内的，是否符合消防技术标准。

→其他依法需要检查的内容。

→对人员密集场所还应当抽查室内装修材料是否符合消防技术标准、外墙门窗上是否设置影响逃生和灭火救援的障碍物。

图　疏散通道

◆ **对消防安全重点单位应当现场检查的内容**

→是否确定消防安全管理人。

→是否开展每日防火巡查并建立巡查记录。

→是否定期组织消防安全培训和消防演练。

→是否建立消防档案、确定消防安全重点部位。

→对属于人员密集场所的消防安全重点单位，还应当检查单位灭火和应急疏散预案中承担灭火和组织疏散任务的人员是否确定。

</td></tr>
</table>

（续）

单位履行消防安全职责情况的消防监督抽查

◆**责令立即改正**

→消防设施、器材、消防安全标志的配置、设置不符合标准。

→消防设施、器材、消防安全标志未保持完好、有效。

→损坏、挪用消防设施、器材。

→擅自拆除、停用消防设施、器材。

→占用、堵塞、封闭疏散通道、安全出口。

→埋压、圈占、遮挡消火栓，占用防火间距。

→违反消防安全规定进入生产、贮存易燃易爆危险品场所。

→违反规定使用明火作业。

→在具有火灾、爆炸危险的场所吸烟，使用明火。

→占用、堵塞、封闭消防车通道，妨碍消防车通行。

→人员密集场所外墙门窗上设置影响逃生、灭火救援的障碍物。

→其他消防安全违法行为和火灾隐患。

◆**责令限期改正和复查**

→未依法进行消防设计备案、竣工验收消防备案。

→消防设施、器材、消防安全标志配置、设置不符合标准，未保持完好、有效。

→使用不符合市场准入、不合格、国家明令淘汰的消防产品。

→电器产品、燃气用具的安装、使用及其线路、管路的设计、敷设、维护保养、检测不符合消防技术标准和管理规定。

→不履行《中华人民共和国消防法》第十六条、第十七条、第十八条、第二十一条第二款规定的其他消防安全职责。

→其他消防安全违法行为和火灾隐患。

单位履行消防安全职责情况的消防监督抽查	→对以上违反消防法律、法规的行为，不能立即改正的，应当根据改正违法行为的难易程度合理确定改正期限，责令限期改正，自检查之日起 3 个工作日内制作、送达"责令限期改正通知书"。 →责令限期改正期限届满或者收到当事人复查申请的，消防监督检查人员应当自期限届满或收到复查申请之日起 3 个工作日内进行复查。 →复查时，应当根据"责令限期改正通知书"指出的问题，逐条对照进行现场检查，确认是否改正，并填写"消防监督检查记录"（其他形式消防监督检查适用）。 ◆ **重大火灾隐患监督整改** →对影响公共安全的重大火灾隐患，公安机关消防机构应当组织集体研究确定，在重大火灾隐患确定之日起 3 个工作日内制作、送达"重大火灾隐患整改通知书"。 →重大火灾隐患判定涉及复杂或者疑难技术问题的，公安机关消防机构应当在确定前组织专家论证。 →组织专家论证的，前述期限可以延长 10 个工作日。 →重大火灾隐患整改期限届满或者收到当事人复查申请的，应当自期限届满或收到复查申请之日起 3 个工作日内进行复查。 →复查时，应根据"重大火灾隐患整改通知书"指出的重大火灾隐患，逐条对照进行现场检查，确认是否整改，并填写"消防监督检查记录"（其他形式消防监督检查适用）。 →对经复查确认重大火灾隐患已经消除的，应当向单位制作并送达"重大火灾隐患销案通知书"。 ◆ **其他相关处理程序** →消防行政处罚。 →临时查封。 →强制执行。 →报请政府组织整改。

(3) 公众聚集场所投入使用、营业前的监督检查

◆ 检查范围

→ 宾馆、饭店。

→ 商场、集贸市场。

→ 客运车站候车室、客运码头候船厅、民用机场航站楼。

→ 体育场馆、会堂。

→ 公共娱乐场所。

图 客运车站候车室

◆ 检查内容

→ 建筑合法性情况。

→ 消防安全制度、灭火和应急疏散预案是否制定。

→ 自动消防系统操作人员是否持证上岗，员工是否经过岗前消防安全培训。

→ 消防设施、器材是否符合消防技术标准并完好、有效。

→ 疏散通道、安全出口和消防车通道是否畅通。

→ 室内装修材料是否符合消防技术标准。

→ 外墙门窗上是否设置影响逃生和灭火救援的障碍物。

图 室内装修材料

公众聚集场所投入使用、营业前的监督检查

◆**检查程序——申请**

→公众聚集场所的建设单位或者使用单位在使用或者营业前，应当向场所所在地县级以上人民政府公安机关消防机构申请消防安全检查。

→申请时提交下列材料：
①消防安全检查申报表。
②营业执照复印件或者工商行政管理机关出具的企业名称预先核准通知书。
③依法取得的建设工程消防验收或者进行竣工验收消防备案的法律文件复印件。
④消防安全制度、灭火和应急疏散预案、场所平面布置图。
⑤员工岗前消防安全教育培训记录和自动消防系统操作人员取得的消防行业特有工种职业资格证书复印件。
⑥法律、行政法规规定的其他材料。

◆**检查程序——受理**

→申请人提出申请后，公安机关消防机构应当及时进行形式审查，在规定期限内做出是否受理的决定。

◆**检查程序——形式审查的主要内容**

→申请人申请的事项，是否属于本公安机关消防机构管辖范围。

→申请人是否提交了符合规定数量、种类的申请材料。

→申请材料是否真实、是否符合规定的格式。

→其他需要审查的事项，如申请人的身份是否确系场所的建设单位或者使用单位，是否属于重复申请等。

2

消防监督检查概论

消防监督员便携手册

公众聚集场所投入使用、营业前的监督检查

◆检查程序——对申请的不予受理

→申请事项依法不需要申请投入使用、营业前消防安全检查的，如单位内部餐饮住宿场所、银行邮政等服务网点等不属于公众聚集场所范围的场所提出的申请，在凭证中告知不予受理的理由。

→申请事项依法不属于本公安机关消防机构职权范围的，在凭证中告知申请人向有关行政机关申请。

◆检查程序——对申请的其他处理

→申请材料存在可以当场更正的错误的，应当允许申请人当场更正。公安机关消防机构工作人员应当在受理窗口提供填写范本，指导申请人正确填写。

→申请材料不齐全或者不符合法定形式的，应当当场或者5个工作日内一次告知申请人需要补正的全部内容。未当场或者5个工作日内一次告知的，自收到申请材料之日起即为受理。

◆检查程序——资料审查

→根据申请材料，对公众聚集场所合法性、消防安全制度、灭火和应急疏散预案等进行检查。

◆检查程序——实地检查

→公安机关消防机构应当自受理之日起10个工作日内进行现场检查。

→现场检查按照有关消防技术标准和《公众聚集场所投入使用营业前消防安全检查规则试行》（公消〔2010〕368号）等规定的要求，主要采用现场核对、抽查提问、抽查测试等方法进行，并填写"消防监督检查记录"。

公众聚集场所投入使用、营业前的监督检查

◆检查程序——对照判定

→将实地检查情况与《公众聚集场所投入使用营业前消防安全检查判定不合格要点》进行比照，做出合格或者不合格的判定。

◆检查程序——做出决定

→根据判定情况和审批意见，制作"公众聚集场所投入使用营业前消防安全检查合格证"或者"不同意投入使用营业决定书"，并于检查之日起3个工作日内送达。

✓（4）大型群众性活动举办前的监督检查

大型群众性活动举办前的监督检查

◆检查范围

→大型群众性活动是指法人或者其他组织举办的每场次活动有1000人以上参加的面向社会公众的以下活动：

→体育比赛活动。

→演唱会、音乐会等文艺演出活动。

→展览、展销等活动。

→游园、灯会、庙会、花会、焰火晚会等活动。

→人才招聘会、现场开奖的彩票销售等活动。

图　灯会

2 消防监督检查概论

（续）

大型群众性活动举办前的监督检查	**◆检查内容** →原有建筑物、场所合法性情况。 →临时搭建建构筑物消防安全情况。 →灭火和应急疏散预案制定和组织演练情况。 →消防安全责任分工和消防安全管理人员确定情况。 →活动现场消防设施、器材配备及完好、有效情况。 →活动现场疏散通道、安全出口及疏散指示标志、应急照明情况。 →消防车通道情况。 **◆检查程序** →公安机关消防机构应当在接到公安机关治安部门的书面通知之日起3个工作日内实施消防安全检查。 →实地检查 ①应当根据大型群众性活动举办前消防安全检查的内容，对活动场所逐项进行检查。 ②应当填写"消防监督检查记录"，如实记录检查情况，逐项提出检查意见。 ③对室内活动使用的建筑物（场所）违反消防安全管理规定的，还应当依照《中华人民共和国消防法》有关规定处理。 →移交记录 ①完毕后，"消防监督检查记录"经公安机关消防机构负责人审批并加盖公章后，移交公安机关治安部门。 ②对因临时建构筑物等设施设备尚未完成搭建或布置，无法在规定期限内进行全面检查的，可在"消防监督检查记录"中说明情况，告知举办方，并移交公安机关治安部门。 ③条件具备后，举办方应当立即报告公安机关消防机构，公安机关消防机构现场检查后将有关检查情况以"消防监督检查记录"的形式补充移交公安机关治安部门。 →举办期间的监督 ①公安机关消防机构应当制定大型群众性活动现场消防安全保卫工作方案，加强大型群众性活动举办期间的消防监督，督促和指导举办方及时改正存在的消防安全问题，并依法处理。 ②必要时，应当调派消防官兵及车辆进行现场执勤。

✅ (5) 对举报投诉的核查

<table>
<tr>
<td rowspan="9">对举报投诉的核查</td>
<td>◆受理</td>
</tr>
<tr>
<td>→公安机关消防机构接到对消防安全违法行为的举报、投诉，应当及时受理、登记，并按照《公安机关办理行政案件程序规定》的相关规定处理。</td>
</tr>
<tr>
<td>→对属于公安机关消防机构职责范围，但不属于本单位管辖的，应当在受理后 24 小时内移送有管辖权的单位处理，并告知举报、投诉人。</td>
</tr>
<tr>
<td>→对不属于公安机关消防机构职责范围内的事项，告知举报、投诉人向其他有关主管机关举报投诉。</td>
</tr>
<tr>
<td>→对属于本单位管辖的，公安机关消防机构应当及时组织核查处理。</td>
</tr>
<tr>
<td>◆核查</td>
</tr>
<tr>
<td>→对举报投诉占用、堵塞、封闭疏散通道、安全出口或者其他妨碍安全疏散行为，以及擅自停用消防设施的，应当在接到举报投诉后 24 小时内进行核查。</td>
</tr>
<tr>
<td>→对举报投诉的其他消防安全违法行为，应当在接到举报投诉之日起 3 个工作日内进行核查。</td>
</tr>
<tr>
<td>
◆处理
→核查后，对举报投诉的消防安全违法行为属实的，应当依法查处；对不属实或不属于公安机关消防机构职责范围的，依法不予处理。
→核查处理情况应当在"消防监督检查记录"备注栏中注明。对核查时发现其他消防安全违法行为或火灾隐患的，应当另行依法做出相应处理。
◆告知
→核查处理情况应当及时告知举报、投诉人；告知情况无法及时告知的，应当在"消防监督检查记录"备注栏中注明。
</td>
</tr>
</table>

3 电气和常用场所消防监督检查

✅（1）常用各类电气设备监督检查

常用各类电气设备监督检查

◆ 爆炸危险区域分级

→ 0级爆炸危险区域（简称0区）
在正常情况下，爆炸性气体混合物连续出现或长期出现的场所。

→ 1级爆炸危险区域（简称1区）
在正常运行时可能出现爆炸性气体混合物的场所。

→ 2级爆炸危险区域（简称2区）

→ 在正常运行时不可能出现爆炸性气体混合物的环境，或即使出现也仅是短时存在的爆炸性气体混合物的场所。

→ 正常运行是指正常的开车、运转、停车，易燃物质产品的装卸，密闭容器盖的开启，安全阀、排放阀以及所有工厂设备都在其设计参数范围内工作的状态。

◆ 爆炸危险区域划分的依据

→ 易燃物质的泄出量：随着释放量增大，其范围可能增大。

→ 释放速度：当释放量恒定不变，释放速度增高到引起湍流的速度时，将使释放的易燃物质在空气中的浓度进一步稀释，因此其范围将缩小。

→ 释放的爆炸性气体温合物的浓度：随着释放处易燃物质浓度的增加，爆炸危险区域的范围可能扩大。

→ 易燃液体的沸点：易燃液体释放的蒸气浓度与对应的液体最高温度下的蒸气压力有关。此浓度可以用易燃液体的沸点来表示。沸点越低，爆炸危险区域的范围就越大。

→爆炸下限：爆炸下限越低，爆炸危险区域的范围越大。

→闪点：如果闪点明显高于易燃液体的最高操作温度，不会形成爆炸性气体混合物。闪点越低，爆炸危险区域的范围可能越大。虽然能形成爆炸性气体混合物，却没有闪点。在这种情况下，应将在对应于爆炸下限的饱和浓度时的平衡液体温度代替闪点与相应的液体最高温度进行比较。

→相对密度：相对密度大，爆炸危险区域的水平范围也将增大。

→通风量：通风量增加，爆炸危险区域的范围就缩小，爆炸危险区域的范围也可通过改善通风系统的布置而缩小。

→障碍：障碍物能阻碍通风，有可能扩大爆炸危险区域的范围。障碍物可能限制爆炸性气体混合物的扩散，也可能缩小爆炸危险区域的范围。

→液体温度：若温度在闪点以上，所加工液体的温度上升，爆炸危险区域的范围将扩大。但应考虑由于环境温度或其他因素（如热表面）释放的液体或蒸气的温度有可能下降。

◆**爆炸危险区域划分**（按释放源的级别和通风条件）

→存在连续级释放源的区域，应划为 0 区。

→存在第一级释放源的区域，应划为 1 区。

→存在第二级释放源的区域，应划为 2 区。

◆**连续级释放源**

→连续级释放源是指预计长期释放或短时频繁释放的释放源。

→可划为连续级释放源的有：未用惰性气体覆盖的固定顶盖贮罐中的易燃液体的表面；油、水分离器等直接与空间接触的易燃液体的表面；经常或长期向空间释放易燃气体或易燃液体的蒸气的自由排气孔和其他孔口。

常用各类电气设备监督检查

3

电气和常用场所消防监督检查

图 油、水分离器

◆ **爆炸危险区域划分**（根据通风条件调整区域划分）

→当通风良好时，应降低爆炸危险区域等级；当通风不良时，应提高爆炸危险区域等级。

→局部机械通风在降低爆炸性气体混合物浓度方面比自然通风和一般机械通风更为有效时，可采用局部机械通风降低爆炸危险区域等级。

→在障碍物、凹坑和死角处，应局部提高爆炸危险区域等级。

→利用堤或墙等障碍物，限制比空气重的爆炸性气体混合物的扩散，可缩小爆炸危险区域的范围。

→爆炸危险区域内的通风能使易燃物质很快稀释到其爆炸下限的25%以下时，可视为通风良好。

◆ **可不考虑机械通风故障影响的情况**

→在封闭或半封闭式的建筑内设置了备用的独立通风系统。

→在通风设备发生故障时，设置有自动报警或停止工艺流程等确保能阻止易燃物质释放的预防措施。

→在通风设备发生故障时，设置有能使电气设备断电的预防措施。

◆ **电气防爆**

→ 爆炸和火灾危险环境电力装置的设计应符合《爆炸危险环境电力装置设计规范》（GB 50058—2014）的规定。

→ 爆炸性气体环境电气设备的选择，要根据爆炸危险区域的分区、电气设备的种类和防爆结构的要求，选择相应的电气设备。

→ 选用的防爆电气设备的级别和组别，不应低于该爆炸性气体环境内爆炸性气体混合物的级别和组别。

→ 当存在有两种以上易燃性物质形成的爆炸性气体混合物时，按危险程度较高的级别和组别选用防爆电气设备。

→ 爆炸危险区域内的电气设备，要符合周围环境内化学的、机械的、热的、霉菌以及风沙等不同环境条件对电气设备的要求。

→ 电气设备结构应满足电气设备在要求的运行条件下不降低防爆性能的要求。

→ 爆炸性粉尘环境电气设备的选择，除可燃性非导电粉尘和可燃纤维的 11 区环境采用防尘结构的粉尘防爆电气设备外，爆炸性粉尘环境 10 区及其他爆炸性粉尘环境 11 区均采用尘密结构的粉尘防爆电气设备，并按照粉尘的不同引燃温度选择不同引燃温度组别的电气设备。

→ 在火灾危险环境内，正常运行时有火花的和外壳表面温度较高的电气设备，应远离可燃物质。

→ 火灾危险环境内不宜使用电热器。当生产要求必须使用电热器时，应将其安装在不燃材料的底板上。

◆ **平面布置**

→ 室外变、配电装置

①距堆场、可燃液体贮罐和甲、乙类厂房库房不应小于 25m。

②距其他建筑物不应小于 10m。

③距液化石油气罐不应小于 35m。

④石油化工装置的变、配电室还应布置在装置的一侧，并位于爆炸危险区范围以外。变压器油量越大，建筑物耐火等级越低及危险物品贮量越多者，所要求的间距也越大，必要时可加防火墙。

(续)

→户内电压为 10kV 以上、总油量为 60kg 以下的充油设备，可安装在两侧有隔板的间隔内；总油量为 60~600kg 者，应安装在有防爆隔墙的间隔内；总油量为 600kg 以上者，应安装在单独的防爆间隔内。

→10kV 及其以下的变、配电室不应设在爆炸危险环境的正上方或正下方。

→变电室与各级爆炸危险环境毗连，最多只能有两面相连的墙与危险环境共用。

→开关、插销、熔断器、电热器具、照明器具、电焊设备和电动机等均应根据需要，适当避开易燃物或易燃建筑构件。

图　室外变、配电装置

◆环境

→消除或减少爆炸性混合物

①保持良好通风，使现场易燃易爆气体、粉尘和纤维浓度降低到无法引起火灾和爆炸的程度。

②加强密封，减少和防止易燃易爆物质的泄漏。

③有易燃易爆物质的生产设备、贮存容器、管道接头和阀门应严格密封，并经常巡视检测。

→消除引燃物

运行中能够产生火花、电弧和高温危险的电气设备和装置，不应放置在易燃易爆的危险场所。在易燃易爆场所安装的电气设备和装置应该采用密封的防爆电器，并应尽量避免使用便携式电气设备。

图　天然气管道

◆ **保护**

└→ 爆炸和火灾危险场所内的电气设备的金属外壳应可靠地接地
（或接零）。

◆ **变、配电装置防火措施的检查——变压器保护**

→ 应设置短路保护装置，当发生事故时，能及时切断电源。

└→ 变压器高压侧还可通过采用过电流继电器来进行短路保护和过
载保护。

◆ **变、配电装置防火措施的检查——防止雷击措施**

└→ 在变压器的架空线引入电源侧，应安装避雷器，并设有一定的
保护间隙。

◆ **变、配电装置防火措施的检查——接地措施**

→ 在中性点有良好接地的低压配电系统中，应该采用保护接零
方式。

→ 城市公用电网应采用统一的保护方式；所有农村配电网络，为
避免接零与接地两种保护方式混用而引起事故，一律不得使用
保护接零方式，而应采用保护接地方式。

→ 在中性点不接地的低压配电网络中，采用保护接地。

└→ 高压电气设备，一般采用保护接地。

◆ **变、配电装置防火措施的检查——过电流保护措施**

→ 防护电器的额定电流或整定电流不应小于回路的计算负载电流。

→ 防护电器的额定电流或整定电流不应大于回路的允许持续载流量。

→ 保证防护电器有效动作的电流不应大于回路载流量的 1.45 倍。

◆ **变、配电装置防火措施的检查——短路防护措施**

→ 短路防护应在短路电流对回路导体和其连接点产生危险的热效应及机械效应前切断回路的短路电流。

→ 回路内应设置短路防护电器，来防范电气短路引起的灾害。

→ 短路防护电器的遮断容量不应小于其安装位置处的预期短路电流。

→ 被保护回路内任一点发生短路时，防护电器都应在被保护回路的导体温度上升到允许限值前切断电源。

◆ **变、配电装置防火措施的检查——漏电保护器**

→ 在安装带有短路保护的漏电保护器时，必须保证在电弧喷出方向有足够的飞弧距离。

→ 注意漏电保护器的工作条件，在高温、低温、高湿、多尘以及有腐蚀性气体的环境中使用时，应采取必要的辅助保护措施，以防漏电保护器不能正常工作或损坏。

→ 漏电保护器的漏电、过载和短路保护特性均由制造厂调整好，不允许用户自行调节。

图　漏电保护器

常用各类电气设备监督检查

◆ 低压配电和控制电器防火措施的检查

→核对控制电器的铭牌、设备是否符合使用要求，检查设备的接线是否正确，对于出现的问题应及时处理。

→定期对控制电器进行维护，清理积尘，保持设备清洁。

→低压配电和控制电器的导线绝缘应无老化、腐蚀和损伤现象。

→同一端子上导线连接不应多于两根，且两根导线线径相同，防松垫圈等部件齐全。

→进出线接线正确。

→接线应采用铜质或有电镀金属层防锈的螺栓和螺钉连接，连接应牢固，要有防松装置，电连接点应无过热、锈蚀、烧伤、熔焊等痕迹。

→金属外壳、框架的接零（PEN）线或接地（PE）线应连接可靠，其截面面积应符合相关规定。

→套管、瓷件外部应无破损和裂纹痕迹。

→低压配电和控制电器安装区域，无渗漏水现象。

→低压配电和控制电器的灭弧装置应完好无损。

→连接到发热元件（如管形电阻）上的绝缘导线，应采取隔热措施。熔断器应按规定采用标准的熔体。电器靠近高温物体或安装在可燃结构上时，应采取隔热、散热措施。电器相间绝缘电阻不应小于5MΩ。

◆ 低压配电和控制电器防火措施的检查——刀开关

→降低接触电阻以防止发热过度。采用电阻率和抗压强度低的材料制造触头。

→利用弹簧或弹簧垫片等，增加触头接触面间的压力。

→对易氧化的铜、黄铜、青铜触头表面，镀一层锡、铅锡合金或银等保护层，防止因触头氧化使接触电阻增加。

→在铝触头表面，涂上防止氧化的中性凡士林油层加以覆盖。

→可断触头在结构上，动、静触头间有一定的相对滑动，分合时可以擦去氧化层（称为自洁作用），以减少接触电阻。

图　刀开关（4 极）

◆ 低压配电和控制电器防火措施的检查——组合开关

→ 若为组合开关，应加装能切断三相电源的控制开关及熔断器。

图　组合开关（三相电压转换开关）

◆ 低压配电和控制电器防火措施的检查——断路器

→ 在断路器投入使用前，应将各工作面的防锈油脂擦净，以免影响磁系统的动作。

→ 长期未使用的灭弧室，在使用前应先烘一次，以保证良好的绝缘；监听断路器在运行中有无不正常声响。

→ 使用过程中，应定期检查传动机构、灭弧室、触头和相间绝缘主轴等构件，如发现活动不灵、破损、变形、锈蚀、过热、异响等现象，应及时处理。

→ 检查灭弧罩的工作位置有无移动、是否完整、有无受潮等情况。对电动合闸的断路器，应检查合闸电磁铁机构是否处于正常状态。

图　断路器（3极）

◆低压配电和控制电器防火措施的检查——接触器

- → 新接触器在使用前，其铁心极面上的防锈油必须擦净，以免油垢粘住动铁心（衔铁）而造成接触器在断电后仍不释放。

- → 安装、接线时要防止螺钉、垫片等零件落入接触器内部造成卡住或短路现象；各接点须保证牢固无松动。

- → 检查无误后，应进行试验，确认动作可靠后再投入使用。

- → 使用前应先在主触点不通电的情况下使吸引线圈通电，分合数次，以检查接触器动作是否确实可靠。

- → 使用两个可逆转接触器时，为保证互锁可靠，除安装电气互锁外，还应考虑加装机械互锁机构。

- → 针对接触器频繁分合的工作特点，应每月检查维修一次接触器各部件，紧固各接点，及时更换损坏的零件。

图　交流接触器

消防监督员便携手册

常用各类电气设备监督检查

◆ **低压配电和控制电器防火措施的检查——起动器**

→ 定期检查触头表面状况，若发现触头表面粗糙，应以细锉修整，切忌以砂纸打磨。

→ 对于充油式产品的触头，应在油箱外修整，以免油被污染，使其绝缘强度降低。

→ 对于手动式减压起动器，当电动机运行过程中因失电压而停转时，应及时将手柄扳回到停止位置，以防电压恢复后电动机自行全压起动，必要时另装一个失电压脱扣器。

→ 手动式起动器的操作机械应保持灵活，并应定期添加润滑剂。

◆ **低压配电和控制电器防火措施的检查——继电器**

→ 继电器要安装在少振、少尘、干燥的场所，现场严禁有易燃易爆物品存在。

→ 安装完毕后，必须检查各部分接点是否牢固、触点接触是否良好、有无绝缘损坏等，确认安装无误后方可投入运行。

→ 由于控制继电器的动作十分频繁，因此必须做到每月至少检修两次。

→ 还应注意保持控制继电器清洁无积尘，以确保其正常工作。

→ 经常监视继电器工作情况，除例行检查外，重点应检查各触点的接触是否良好、有无绝缘老化，必要时应测其绝缘电阻值。

→ 定期检查其触点接触情况，各部件有无松动、损坏及锈蚀现象，发现问题及时修复或更换。

→ 经常保持清洁，避免尘垢积聚致使绝缘水平降低，发生相间闪络事故。

→ 经常注意环境条件的变化，若不符合继电器使用条件时，采取可靠措施，保证其工作的可靠性。

（续）

◆ **预防电气线路短路的措施检查**

→ 必须严格执行电气装置安装规程和技术管理规程，坚决禁止非电工人员安装、修理。

→ 要根据导线使用的具体环境选用不同类型的导线，正确选择配电方式。

→ 安装线路时，电线之间、电线与建筑构件或树木之间要保持一定距离。

→ 距地面2m高以内的电线，应用钢管或硬质塑料保护，以防绝缘遭受损坏。

→ 在线路上应按规定安装断路器或熔断器，以便在线路发生短路时能及时、可靠地切断电源。

图　熔断器

◆ **预防电气线路过负荷的措施检查**

→ 根据负载情况，选择合适的导线。

→ 严禁滥用铜丝、铁丝代替熔断器的熔丝。

→ 不准乱拉电线和接入过多或功率过大的电气设备。

→ 严禁随意增加用电设备，尤其是大功率用电设备。

→ 应根据线路负荷的变化及时更换适宜容量的导线。

→ 可根据生产程序和需要，采取排列先后的方法，把用电时间调开，以使线路不超过负荷。

常用各类电气设备监督检查

3 电气和常用场所消防监督检查

111

消防监督员便携手册

常用各类电气设备监督检查

◆ 预防电气线路接触电阻过大的措施检查

→ 导线与导线、导线与电气设备的连接必须牢固可靠。

→ 铜、铝线相接，宜采用铜铝过渡接头，也可在铜线接头处搪锡。

→ 通过较大电流的接头，应采用油质或氧焊接头，在连接时加弹力片后拧紧。

→ 要定期检查和检测接头，防止接触电阻过大，对重要的连接接头要加强监视。

◆ 屋内布线的设置要求检查

→ 设计安装屋内线路时，要根据使用电气设备的环境特点，正确选择导线类型。

→ 明敷绝缘导线要防止绝缘受损引起危险，在使用过程中要经常检查、维修。

→ 布线时，导线与导线之间、导线的固定点之间，要保持合适的距离。

→ 为防止机械损伤，绝缘导线穿过墙壁或可燃建筑构件时，应穿过砌在墙内的绝缘管，每根管宜只穿一根导线，绝缘管（瓷管）两端的出线口伸出墙面的距离宜不小于10mm，这样可以防止导线与墙壁接触，以免墙壁潮湿而产生漏电等现象。

→ 沿烟囱、烟道等发热构件表面敷设导线时，应采用石棉、玻璃丝、瓷珠、瓷管等材料作为绝缘的耐热线。

◆ 插座与照明开关的检查

→ 当直流、交流或不同电压等级的插头安装在同一场所时，应有明显的区别，应选择不同结构、不同规格和不可互换的插座，配套的插头应按直流、交流和不同电压等级区别使用。

→ 落地插座面板应牢固可靠、密封良好。

→ 单相两孔插座，面对插座的右孔或上孔与相线（L）连接，左孔或下孔与中性线（N，或称零线）连接。

<table>
<tr>
<td rowspan="2">常用各类电气设备监督检查</td>
<td>

→三孔插座，面对插座的右孔与相线（L）连接，左孔与中性线（N，或称零线）连接，上孔与接地保护线（PE）相连。

→在潮湿场所应采用密封型并带保护地线触头的保护型插座，安装高度不应低于1.5m。

→同一建筑物、构筑物的照明开关应采用同一系列的产品，开关的通断位置一致，操作灵活、接触可靠；插座、照明开关靠近高温物体、可燃物或安装在可燃结构上时，应采取隔热、散热等保护措施。

→导线与插座或开关连接处应牢固可靠，螺钉应压紧无松动，面板无松动或破损。

→在使用 I 类电器的场所，必须设置带有保护线触头的电源插座，并将该触头与保护地线（PE 线）连成电气通路。

→车间及实验室的插座安装高度距地面不应小于0.3m；特殊场所暗装的插座安装高度距地面不应小于0.15m；同一室内插座安装高度应一致。

→插座面板应无烧蚀、变色、熔融痕迹。

→非临时用电不宜使用移动式插座。当使用移动式插座时，电源线要采用铜芯电缆或护套软线，具有保护地线（PE 线），禁止放置在可燃物上，禁止串接使用，严禁超容量使用。

◆照明器具的检查——灯具的选择

→卤素灯和60W以上的白炽灯等高温照明灯具不应设置在火灾危险性场所。

→产生腐蚀性气体的蓄电池室等场所应采用密闭型灯具。

→在有尘埃的场所，应按防尘的保护等级分类选择合适的灯具。

→重要场所的大型灯具，应安装防玻璃罩破裂后向下飞溅的设施。

→库房照明宜采用投光灯采光。

</td>
</tr>
</table>

→贮存可燃物的仓库及类似场所照明光源应采用冷光源，其垂直下方与堆放的可燃物品水平间距不应小于0.5m，不应设置移动式照明灯具；应采用有防护罩的灯具和墙壁开关，不得使用无防护罩的灯具和拉线开关。

→超过60W的白炽灯、卤素灯、荧光高压汞灯等照明灯具（包括镇流器）不应安装在可燃材料和可燃构件上，聚光灯的聚光点不应落在可燃物上。

→当灯具的高温部位靠近除不燃性以外的装修材料时，应采取隔热（如玻璃丝、石膏板、石棉板等加以隔热防护）、散热（如在灯具上增加散热空隙或加强顶棚内的通风降温，以及与可燃物保持一定距离）等防火保护措施。

→灯饰所用材料的燃烧性能等级不应低于 B_1 级。

图　卤素灯

◆**照明器具的检查——灯具的引线**

→嵌入顶棚内的灯具，灯头引线应采用柔性金属管保护，其保护长度不宜超过1m。

→嵌入式灯具、贴顶灯具以及光檐（槽灯）照明，当采用卤钨灯或单灯功率超过100W的白炽灯时，灯具（或灯）引入线应选用耐 $105\sim250℃$ 高温的绝缘电线，或采用瓷管、石棉等不燃材料作隔热保护。

→聚光灯、回光灯不应安装在可燃基座上，贴近灯头的引出线应用高温线或瓷套管保护，配线接点必须设在金属接线盒内。

→用于舞台效果的高温灯具，其灯头引线应采用耐高温导线或穿瓷管保护，再经接线柱与灯具连接，导线不得靠近灯具表面或敷设在高温灯具附近。

（续）

图　槽灯

◆ **照明器具的检查——灯具与可燃物之间的安全距离**

→霓虹灯与建筑物、构筑物表面距离不应小于 20mm。

→照明灯具与可燃物之间的安全距离：

①普通灯具：≥0.3m。

②高温灯具（聚光灯、碘钨灯等）：≥0.5m。

③影剧院、礼堂用的面光灯、耳光灯：≥0.5m。

④功率为 100~500W 的灯具：≥0.5m。

⑤功率为 500~2000W 的灯具：≥0.7m。

⑥功率为 2000W 以上的灯具：≥1.2m。

→当安全距离不够时，应采取隔热、散热等防火保护措施。

◆ **照明器具的检查——照明灯具**

→照明灯具上所装的灯泡，不应超过灯具的额定功率。

→灯具及其配件应齐全，无机械损伤、变形、涂层剥落和灯罩破裂等缺陷。

→软线吊灯的软线两端做保护扣，两端芯线搪锡。

→当装升降器时，套塑料软管，采用安全灯头。

→除敞开式灯具外，其他各类灯具灯泡容量在 100W 及以上者采用瓷质灯头。

→连接灯具的软线盘扣、搪锡压线，当采用螺口灯头时，相线接于螺口灯头中间的端子上。

→灯头的绝缘外壳不破损和不漏电。

→带有开关的灯头，开关手柄无裸露的金属部分。

→每个灯控开关所控灯具的总额定电流值不应大于该灯控开关的额定电流。

→建筑物内景观照明灯具的导电部分对地绝缘电阻应大于 2MΩ。

常用各类电气设备监督检查

3
电气和常用场所消防监督检查

消防监督员便携手册

常用各类电气设备监督检查

◆ 照明器具的检查——节日彩灯的检查

→ 建筑物顶部彩灯采用有防雨性能的专用灯具，灯罩要拧紧。

→ 彩灯连接线路应采用绝缘铜导线，导线截面面积应满足载流量要求，且不应小于 2.5mm²，灯头线截面面积不应小于 1.0mm²。

→ 悬挂式彩灯应采用防水吊线灯头，灯头线与干线的连接应牢固、绝缘包扎紧密。

→ 彩灯供电线路应采用橡胶多股铜芯软导线，截面面积不应小于 4.0mm²，垂直敷设时，对地面的距离不应小于 3m。

→ 彩灯的电源除统一控制外，每个支路应有单独控制开关和熔断器保护，导线的支持物应安装牢固。

◆ 电动机的检查

→ 电动机应安装在牢固的机座上，机座周围应有适当的通道，与其他低压带电体、可燃物之间的距离不应小于 1m，并应保持干燥清洁。

→ 电动机外壳接地应牢固可靠、完好无损。电动机应装设短路保护和接地故障保护，并应根据具体情况分别装设过载保护、断相保护和低电压保护。

→ 电动机控制设备的电气元器件外观应整洁，外壳应无破裂，零部件齐全，各接线端子及紧固件应无缺损、锈蚀等现象。

→ 电气元器件的触头应无熔焊粘连变形和严重氧化等痕迹。

→ 端子上的所有接线应压接牢固，接触良好，不应有松动、脱落现象。

图　电动机

◆**电热器具的检查**

→ 超过 3kW 的固定式电热器具应采用单独回路供电，电源线应装设短路、过载及接地故障保护电器。

→ 导线和热元件的接线处应紧固，引入线处应采用耐高温的绝缘材料予以保护；电热器具周围 0.5m 以内不应放置可燃物。

→ 电热器具的电源线，装设刀开关和短路保护电器处，其可触及的外露导电部分应接地。

→ 低于 3kW 以下可移动式电热器具应放在不燃材料制作的工作台上，与周围可燃物应保持 0.3m 以上的距离。

→ 电热器具应采用专用插座，引出线应采用石棉、瓷管等耐高温绝缘套管保护。

→ 工业用大型电热设备，应设置在一、二级耐火等级的建筑内，小型电热设备应单独在非燃烧材料的室内，并应采取通风散热、排风和防爆泄压措施。

→ 为防止线路过载，最好采用单独的供电线路，供电线路应采用耐火耐热绝缘材料的电线电缆，并装设熔断器等保护装置。

→ 应装设有温度、时间等控制和报警装置，并应严格控制运行时间和温度。

→ 小型电热设备和电热器具如电烘箱、电熨斗、电烙铁等，在使用和管理上，要注意防火安全，在电热设备通电使用时，不要轻易离开，应养成人走切断电源的习惯。

→ 电热器具使用较多的单位，在下班后应有专人负责，切断总电源；根据电热设备使用的性质，配备必要的灭火器材，以便在发生火灾初期能及时扑灭。

◆**空调器具的检查**

→ 空调器具应单独供电，电源线应设置短路和过载保护。

→ 空调不要靠近窗帘、门帘等悬挂物，以免卷入电动机而使电动机发热起火。

→ 由于空调不具备防雷功能，雷雨天气时，最好不要使用空调。

常用各类电气设备监督检查

3

电气和常用场所消防监督检查

（续）

常用各类电气设备监督检查

→ 其电源插头的容量不应大于插座的容量。

→ 分体式空调穿墙管路应选择不燃或难燃材料套管保护，室内机体接线端子板处接线应牢固、整齐、正确。

→ 空调器具不应安装在可燃结构上，其设备与周围可燃物的距离不应小于 0.3m。

→ 空调器具单独供电线路短路保护和过载保护应动作灵活可靠，无拒动现象。

→ 空调器具应保持清洁，空气过滤器应定期清洗，以免造成空气堵塞。选用的空调器具应符合实际运行环境的要求。

◆ **家用电器的检查**

→ 电冰箱及电视机等电器不要短时间内连续切断、接通电源；保证电冰箱后部干燥通风，切勿在电冰箱后面塞放可燃物。

→ 电视机应保证良好的通风，若长期不用，尤其在雨季，要每隔一段时间使用几小时，用电视机自身发出的热量来驱散机内的潮气。

→ 室外天线或共用天线的避雷器要有良好的接地，雷雨天气时尽量不要使用室外天线。

→ 空调器具不应安装在可燃结构上，其设备与周围可燃物的距离不应小于 0.3m。

→ 电热毯第一次使用或长期搁置后再使用，应在有人监视的情况下先通电 1h 左右，检查是否安全。

→ 折叠电热毯不要固定位置。

→ 不要在沙发、席梦思床和钢丝床上使用直线型电热线电热毯，这种电热毯只宜在木板床上使用。

→ 避免电热毯与人体接触，不能在电热毯上只铺一层床单，以防人体的揉搓使电热毯堆集打褶，导致局部过热或电线损坏而发生事故。

◆ **电气装置和设备的维护方法——温度**

→ 温度的检测是安全维护的一个非常重要的方面。

◆**电气装置和设备的维护方法——绝缘电阻**

→绝缘电阻值反映电气装置和设备的绝缘能力，绝缘电阻值下降，说明绝缘老化，可能会出现过热、短路等故障，容易引起火灾事故。

◆**电气装置和设备的维护方法——接地电阻**

→为了保证电气装置和设备的正常工作，必须有一个良好的接地系统。

→接地电阻是反映接地系统好坏的一个重要指标，对于防雷、防爆、防静电场所尤为重要。

◆**电气装置和设备的维护方法——谐波分量及中性线过载电流**

→检测中性线电流可以判定三相不平衡负载电流和奇次谐波电流的大小。

→利用仪表检测相线电流直接判定导线的负荷状态也十分必要。

◆**电气装置和设备的维护方法——火花放电**

→准确掌握火花放电部位是预防电气火灾的前提，用超声波检测仪可以检测出电气设备内部火花放电现象。

常用各类电气设备监督检查

✓ （2）易燃易爆场所监督检查

◆**防爆建筑的结构形式**

→有爆炸危险的甲、乙类厂房应独立设置，并尽量采用敞开或半敞开式的建筑，其承重结构尽量采用钢筋混凝土或钢框架、排架结构。

→框架或排架结构形式便于墙面开设大面积的门窗洞口或采用轻质墙体作为泄压面积，能为厂房设计成敞开或半敞开式的建筑提供有利条件。

→框架和排架的结构整体性强，较之砖墙承重结构的抗爆性能好。

易燃易爆场所监督检查

3

电气和常用场所消防监督检查

(续)

◆ **爆炸泄压**

→ 有爆炸危险的厂房或厂房内有爆炸危险的部位应设置泄压设施。

→ 虽要求有爆炸危险的厂房的承重结构及其建筑内的重要部位应具备足够的抗爆性能,但仍应考虑设置足够的泄压面积。

◆ **平面布置**

→ 单层厂房中如某一部分为有爆炸危险的甲、乙类生产,生产部位应靠建筑的外墙布置,以便直接向外泄压。

→ 多层厂房中某一部分或某一层为有爆炸危险的甲、乙类生产时,生产部位应尽量设置在建筑最上一层的靠外墙部位。

→ 总控制室,为了保障人员、设备仪表的安全和生产的连续性,这些场所应与有爆炸危险的甲、乙类厂房分开单独建造。

→ 分控制室一般要求能直接观察厂房中的设备运行情况,常常和厂房紧邻,甚至设在其中。当分控制室在受条件限制需与厂房贴邻建造时,应靠外墙设置。

◆ **结构防爆**

→ 对于不同生产工艺或不同生产车间,甲、乙类厂房内各部位的实际火灾危险性均可能存在较大差异。

→ 对于贴邻建造且可能受到爆炸作用的分控制室及其他需要防护的场所或部位,应采用耐火极限不低于 3.0h 的防爆墙或抗爆墙与爆炸危险区域分隔。

→ 对于有爆炸危险的甲、乙类厂房或场所,防火分区之间因生产工艺需要连通时,要尽量在外墙上开门,利用外廊或阳台联系或在防火墙上做门斗,门斗的两个门错开设置。

→ 对处于爆炸危险区域的疏散楼梯,应设置门斗进行保护,以缓冲爆炸冲击波的作用,降低爆炸对疏散楼梯间的破坏作用。

◆**爆炸具备的五个条件**

→释放源即提供能量的可燃物质。

→氧化剂即辅助燃烧的助燃剂。

→可燃物质与助燃剂均匀混合。

→封闭空间即混合物放在相对封闭的空间内。

→有足够能量的点火源。

◆**生产过程中要采取有效的措施**

→设备的密闭、通风、惰性介质保护以及用不燃溶剂替代可燃溶剂等。

→在防爆厂房、仓库内，安装电气设备时，应用防爆型电气设备，如防爆开关、防爆电动机、防爆灯具等。

→散发较空气轻的可燃气体、可燃蒸气的甲类厂房，其顶棚应尽量平整、避免死角，厂房上部空间应通风良好。

→散发较空气重的可燃气体、可燃蒸气的甲类厂房以及有粉尘、纤维爆炸危险的乙类厂房、应采用不发火花的地面。采用绝缘材料作为整体面层时，应采取防静电措施。

→散发可燃粉尘、纤维的厂房内表面应平整、光滑，并易于清扫。

→厂房内不设置地沟，必须设置时，其盖板应严密，地沟应采取防止可燃气体、可燃蒸气及粉尘、纤维在地沟积聚的有效措施，且与相邻厂房连通处应采用防火材料密封。

→建筑内空气中含有容易起火或爆炸危险物质的房间，应有良好的自然通风或独立的机械通风设施，且其空气不应循环使用。

易燃易爆场所监督检查

图　防爆灯具

3

电气和常用场所消防监督检查

（续）

易燃易爆场所监督检查

◆ **泄压设施**

→ 易发生爆炸的建筑物应设置必要的泄压设施。

→ 在建筑物或装置上预先开设面积足够大、用低强度材料做成的压力泄放口。

→ 泄压设施可采用轻质屋盖、轻质墙体和易于泄压的门窗，并尽量采用轻质屋盖。易于泄压的门窗、轻质墙体、轻质屋盖是指门窗的单位质量轻、玻璃较薄、墙体或屋盖的材料密度小、门窗选用的小五金断面较小、构造节点的处理易在设计超压作用下发生断裂和脱落等。

→ 用于泄压的门窗可采用楔形木块固定，门窗上用的金属百页、插销等选用断面小的，门窗向外开启。

◆ **泄压面积**

→ 应避免采用爆炸时易形成尖锐碎片的材料，且不应布置在公共走道或贵重设备的正面或附近。

→ 要能整块脱落或易破碎，但应避免采用在爆炸时易形成尖锐碎片的材料，使之既能快速泄压，又能避免伤害人身。

→ 在确定泄压面的设置位置时，要选择靠近易发生爆炸部位，避免发生震荡导致压力增加而产生更大破坏。

→ 应采取措施降低泄压面积的连接强度，防止其表面积雪或连接部位冻结等。

◆ **泄压面积大小的要求**

→ 泄压面积大小是决定所设计的泄压面积能否有效泄压的关键，不同大小的空间和不同形状的空间，其泄压面积要求不同。

→ 泄压面积的大小与有爆炸危险的空间容积的 2/3 次方成正比，对于有爆炸危险的甲、乙类厂房，其泄压面积可以按下式计算：

$$A = 10CV^{\frac{2}{3}}$$

式中，A 为泄压面积，m^2；V 为厂房的容积，m^2；C 为泄压比。

（续）

（续）

◆审核内容

→对于有爆炸危险的厂房、仓库，主要审查建筑的结构形式，平面布置，泄压面积设置，防止产生爆炸性气氛和火花、静电等措施的设计是否合理，能否有效防止发生爆炸或有效降低爆炸的破坏作用。

→建筑内存在爆炸危险的部位是否采取了有效的防爆、泄压措施。

→建筑内防爆区域等级的划分是否正确。

图　仓库

◆厂房的防爆

→对于有爆炸危险的甲、乙类厂房，其主要承重结构以及结构的重要部位应具备足够的防爆或抗爆性能，而次要的围护结构则应尽量采用易于泄爆的构造或直接敞开或半敞开。

→无论是甲、乙类厂房，还是丙、丁、戊类厂房，在建筑中可能发生爆炸部位的外围护结构中的次要位置，应设置有足够的泄压面积。

→对于散发可燃气体、可燃蒸气的厂房，其室内顶棚或墙面、地面、地沟等位置均应设计成能防止可燃气体、可燃蒸气的聚集。

→当建筑中存在爆炸危险的部位不能设置泄压面积时，必须调整平面布置和采取减压防护或加强结构防爆措施。

易燃易爆场所监督检查

3 电气和常用场所消防监督检查

易燃易爆场所监督检查

◆ 仓库和其他建筑的防爆

→ 需进行防爆设计的仓库主要有甲、乙类库房，贮存的物质在存放过程中可能产生可燃气体的仓库（如电石等）和存放的物质在操作过程中可能产生大量可燃粉尘的仓库（散装的粮食、煤、面粉等）。

→ 其他建筑中需要进行防爆设计的部位主要有燃油、燃气锅炉房，燃气发电机房以及公共建筑中可能使用较大量可燃气体的场所。

◆ 审核的步骤

→ 爆炸危险场所的识别

①整个工艺流程中是否存在爆炸危险。

②爆炸危险物质的种类及其物理和化学性质（火灾危险性特征），以及可能发生的爆炸的特征。

③爆炸危险场所的具体位置。

◆ 爆炸危险场所的防爆措施

→ 审核总平面布局时，除防火间距符合工程建设消防技术标准的规定外，还应审核泄压设施位置是否符合规定。

→ 审核建筑防爆措施主要包括：泄压设施的设置位置、面积、材质和质量，抗爆设施（抗爆墙、门斗）的设置，以及场所平面布置，场所的顶棚、墙面、地面、地沟等是否符合工程建设消防技术标谁和相关专业建筑设计规范的规定。

→ 审核场所内的建筑电气、通风与空气调节系统、爆炸报警探测系统等的设计是否符合工程建设消防技术标准、采暖通风与空气调节设计相关规范和相关专业建筑设计规范的规定。

图　抗爆墙

◆ **常见问题**

→有爆炸危险的甲、乙类厂房，未按规范要求设置泄压措施。

→泄压面积小于规范要求。

→有爆炸危险的甲、乙类厂房的总控室设置不符合规范要求。

◆ **资料审查的内容和要求**

→审查工程竣工验收报告、建筑专业竣工图等涉及确定爆炸危险场所要素的竣工图（具体要素同消防设计审核时识别爆炸危险场所），各项要素应与依法审核合格的消防设计文件一致。

→审查竣工建筑平面图、爆炸场所各部位、各类建筑构件的施工质量验收记录，复核爆炸场所的泄压设施的设置位置、面积、材质和质量，抗爆设施（抗爆墙、门斗）的设置，以及场所平面布置，场所的顶棚、墙面、地面、地沟等内容应与依法审核合格的消防设计文件一致。

→审查竣工验收报告和场所内的建筑电气、通风与空气调节系统、爆炸报警探测系统验收测试报告，以及具有防爆要求的各类电器设备的防爆等级、出厂合格证明等文件。

→核查是否按依法审核合格的消防设计文件配置相应的设施和设备，以及各设施的竣工验收资料和测试报告的格式和内容是否符合消防法规和相关施工验收标准的规定。

易燃易爆场所监督检查

3

电气和常用场所消防监督检查

（续）

易燃易爆场所监督检查

◆现场检查的内容和要求

→核查爆炸危险场所的位置、面积，泄压设施的设置位置、面积、材质，抗爆设施（抗爆墙、门斗）的设置，以及场所平面布置，场所的顶棚、墙面、地面、地沟等内容应与依法审核合格的消防设计文件一致。

→核查爆炸危险场所是否按依法审核合格的消防设计文件配置电气、通风与空气调节系统、爆炸报警探测系统等相应的设施和设备。

→核查具有防爆等级要求的各类电气设备是否符合规定。

→对各类通风与空气调节系统、爆炸报警探测系统进行现场测试。

4 室内消防监督检查

✅ （1）消防电梯

◆ 消防电梯的设置范围

→ 建筑高度大于33m的住宅建筑。

→ 一类高层公共建筑和建筑高度大于32m的二类高层公共建筑。

→ 设置消防电梯的建筑的地下或半地下室，埋深大于10m且总建筑面积大于3000m²的其他地下或半地下建筑。

→ 建筑高度大于32m且设置电梯的高层厂房（仓库），每个防火分区内宜设置1台消防电梯，但符合下列条件的建筑可不设置消防电梯：

① 建筑高度大于32m且设置电梯，任一层工作平台上的人数不超过2人的高层塔架。

② 局部建筑高度大于32m，且局部高出部分的每层建筑面积不大于50m²的丁、戊类厂房。

◆ 消防电梯的设置要求

→ 消防电梯一般应每个防火分区至少要有一台。

→ 消防电梯应能每层停靠，包括地下室各层，并尽量靠外墙设置。

→ 消防电梯间应设置防烟前室，为消防员在起火层提供一个较为安全的地方，以便进行紧急救助或作灭火准备。该前室应具有与防烟楼梯间前室一样的防烟性能。

→ 住宅建筑的户门不应直接开向前室，但对于户数较少且高度大于33m的住宅建筑，受平面布置限制，疏散楼梯间的前室不得不采用与消防电梯的前室合用时，可允许不大于三樘的户门直接开向前室。

消防电梯

(续)

消防电梯	→前室或合用前室的门应采用乙级防火门，不应采用防火卷帘。 →消防电梯可视为火灾时相对安全的竖向通道，要尽量靠外墙设置，以便采用可靠的天然采光和自然排烟的防烟方式。 →消防电梯竖井必须具有较高的防火和耐火性能，使其不受相邻区域火灾或高温的危害。电梯的梯井、机房与其他普通电梯的梯井、机房之间，应采用耐火极限不低于 2.0h 的墙体分隔。 ◆**消防电梯的要求** →电梯的载重量不应小于 800kg。 →电梯从首层至顶层的运行时间不宜大于 60s。 →电梯的动力与控制电缆、电线、控制面板应采取防水措施。 →在首层的消防电梯入口处，应设置供消防队员专用的操作按钮。 →电梯轿厢的内部装修材料应采用不燃材料。 →电梯轿厢内部应设置专用消防对讲电话，设置必要的无线信号引入装置。

✅ (2) 防火分区

防火分区	◆**防火分区的概念** →防火分区是指在建筑内部采用防火墙、耐火楼板及其他防火分隔设施分隔而成，能在一定时间内防止火灾向同一建筑的其余部分蔓延的局部空间。 ◆**厂房的防火分区** →厂房每个防火分区的最大允许建筑面积应符合《建筑设计防火规范》（GB 50016—2014）第 3.3.1 条的规定。 ◆**仓库的防火分区** →仓库每个防火分区的最大允许建筑面积应符合《建筑设计防火规范》（GB 50016—2014）第 3.3.2 条的规定。

防
火
分
区

◆ **民用建筑的防火分区**

→ 一、二级耐火等级的单、多层民用建筑每个防火分区的最大允许建筑面积为 2500m²。对于体育馆、剧场的观众厅可适当增加。三级耐火等级的单、多层民用建筑每个防火分区的最大允许建筑面积为 1200m²。四级耐火等级的单、多层民用建筑每个防火分区的最大允许建筑面积为 600m²。

→ 高层民用建筑每个防火分区的最大允许建筑面积为 1500m²。

→ 地下、半地下建筑（室）每个防火分区的最大允许建筑面积为 500m²。

→ 当建筑内设置中庭或上、下相连通的开口、敞开楼梯、自动扶梯、传送带等开口部位，且未采取有效防火分隔措施的，其防火分区面积应按上、下层相连通的建筑面积叠加计算。

→ 一、二级耐火等级建筑内的营业厅、展览厅，当设有火灾自动报警系统和自动灭火系统时，且采用不燃烧或难燃烧材料装修时，每个防火分区的最大允许面积应符合以下规定：
①设置在高层建筑内时，不应大于 4000m²。
②设置在单层建筑或仅设置在多层建筑首层内时，不应大于 10000m²。
③设置在地下或半地下时，不应大于 2000m²。

→ 总建筑面积大于 20000m² 的地下或半地下商店，应采用无门、窗、洞口的防火墙、耐火极限不低于 2.00h 的楼板分隔为多个建筑面积不大于 20000m² 的区域。相邻区域确需局部连通的，应采用下沉式广场等室外开敞空间、防火隔间、避难走道、防烟楼梯间等方式进行连通。

图　下沉式广场

4
室内消防监督检查

89

(续)

防火分区

◆ 主要防火分隔设施——防火墙

→ 防火墙应直接设置在基础或框架、梁等承重结构上，框架、梁等承重结构的耐火极限不应低于防火墙的耐火极限。

→ 防火墙应从楼地面基层隔断至梁、楼板或屋面板的底面基层。

→ 防火墙横截面中心线水平距离天窗端面小于4m，且天窗端面为可燃性墙体时，应采取防止火势蔓延的措施。

→ 建筑外墙为难燃性或可燃性墙体时，防火墙应凸出墙的外表面0.4m以上，且防火墙两侧的外墙均应为宽度不小于2m的不燃性墙体，其耐火极限不应低于外墙的耐火极限。

→ 建筑内的防火墙不宜设置在转角处，确需设置时，内转角两侧墙上的门、窗、洞口之间最近边缘的水平距离不应小于4m；采取设置乙级防火窗等防止火灾水平蔓延的措施时，该距离不限。

→ 防火墙的构造应能在防火墙任意一侧的屋架、梁、楼板等受到火灾的影响而被破坏时，不会导致防火墙倒塌。

◆ 主要防火分隔设施——防火卷帘

→ 除中庭外，当防火分隔部位的宽度不大于30m时，防火卷帘的宽度不应大于10m；当防火分隔部位的宽度大于30m时，防火卷帘的宽度不应大于该部位宽度的1/3，且不应大于20m。

→ 防火卷帘应具有火灾时靠自重自动关闭的功能；不应采用水平、侧向防火卷帘。

→ 除另有规定外，防火卷帘的耐火极限不应低于规范对所设置部位墙体的耐火极限要求。

→ 防火卷帘应具有防烟性能，与楼板、梁、墙、柱之间的空隙应采用防火封堵材料封堵。

→ 需在火灾时自动降落的防火卷帘，应具有信号反馈的功能。

图　防火卷帘

◆**主要防火分隔设施——防火门**

→疏散通道上的防火门应向疏散方向开启，并在关闭后应能从任一侧手动开启。

→设置防火门的部位，一般为房间的疏散门或建筑某一区域的安全出口。

→除管井检修门和住宅的户门外，防火门应能自动关闭；双扇防火门应具有按顺序关闭的功能。

→除允许设置常开防火门的位置外，其他位置的防火门均应采用常闭防火门。

→为保证分区间的相互独立，设在变形缝附近的防火门，应设在楼层较多的一侧，并保证防火门开启时门扇不跨越变形缝，防止烟火通过变形缝蔓延。

→防火门关闭后应具有防烟性能。

→甲、乙、丙级防火门应符合《防火门》（GB 12955—2008）的规定。

图　防火门

防火分区

4

室内消防监督检查

91

◆**主要防火分隔设施——防火窗**

→防火窗的耐火极限与防火门相同。设置在防火墙、防火隔墙上的防火窗应采用不可开启的窗扇或具有火灾时能自行关闭的功能。

→防火窗应符合《防火窗》（GB 16809—2008）的有关规定。

图　防火窗

◆**主要防火分隔设施——防火分隔水幕**

→防火分隔水幕可以起到防火墙的作用，在某些需要设置防火墙或其他防火分隔物而无法设置的情况下，可采用防火分隔水幕进行分隔。

→应满足《自动喷水灭火系统设计规范》（GB 50084—2017）的相关要求。

◆**主要防火分隔设施——防火阀**

→在风道贯通防火分区的部位（防火墙）必须设置防火阀。

→防火阀平时处于开启状态，发生火灾时，当管道内烟气温度达到70℃时，易熔合金片就会熔断断开，防火阀就会自动关闭。

防火分区

图　防火阀

◆ **主要防火分隔设施——防火阀的设置部位**

→ 穿越防火分区处。

→ 穿越通风、空气调节机房的房间隔墙和楼板处。

→ 穿越重要或火灾危险性大的房间隔墙和楼板处。

→ 穿越防火分隔处的变形缝两侧。

→ 竖向风管与每层水平风管交接处的水平管段上。但当建筑内每个防火分区的通风、空气调节系统均独立设置时，水平风管与竖向总管的交接处可不设置防火阀。

→ 公共建筑的浴室、卫生间和厨房的竖向排风管，应采取防止回流措施或在支管上设置公称动作温度为 70℃ 的防火阀。

→ 公共建筑内厨房的排油烟管道宜按防火分区设置，且在与竖向排风管连接的支管处应设置公称动作温度为 150℃ 的防火阀。

◆ **主要防火分隔设施——防火阀的设置要求**

→ 防火阀宜靠近防火分隔处设置。

→ 防火阀暗装时，应在安装部位设置方便维护的检修口。

→ 在防火阀两侧各 2.0m 范围内的风管及其绝热材料应采用不燃材料。

→ 防火阀应符合《建筑通风和排烟系统用防火阀门》（GB 15930—2007）的规定。

防火分区

4
室内消防监督检查

消防监督员便携手册

防火分区

◆ **有关防火分区面积增加规定**

→ 厂房、仓库、民用建筑内设置自动灭火系统时，除冷库防火分区外，每个防火分区的最大允许建筑面积可按原规定增加 1.0 倍。

→ 厂房、民用建筑局部设置自动灭火系统时，其防火分区增加面积可按该局部面积的 1.0 倍计算。

→ 当丁、戊类的地上厂房内设置自动灭火系统时，每个防火分区的最大允许建筑面积不限。

→ 高层民用建筑主体与裙房之间设置防火墙时，其裙房的防火分区允许建筑面积可增至 2500m²，同时设有自动喷水灭火系统时，防火分区面积可增至 5000m²。

◆ **防火分区的检查要点——设计文件**

→ 对照竣工验收资料中建筑剖面图、楼层平面图和有关消防设计文件，核对防火分区划分位置、面积、防火分隔设施是否发生改变。

◆ **防火分区的检查要点——防火墙、楼板分隔**

→ 防火墙、楼板是否完好。

→ 防火墙、楼板上是否开设有火灾时不能自行关闭的开口部位、孔洞；自行关闭的开口部位、孔洞其自动关闭功能是否正常、手动关闭是否有效、有关工作状态是否能准确向消防控制室反映。

→ 穿越防火墙、楼板的管道、线槽在穿墙或楼板处是否采用不燃材料进行有效封堵。

→ 穿越防火墙、楼板的风管在进入防火分区一侧是否安装防火阀；防火阀手动情况下能否顺利关闭、复位。

◆ **防火分区的检查要点——其他**

→ 采用防火卷帘、防火门、防火阀、防火分隔水幕等消防设施、设备进行防火分区，应注意检查是否处于正常工作状态，常闭式防火门是否处于常闭状态。

防火分区	→因为设置有自动喷水灭火系统、火灾自动报警系统和采用符合要求的装修材料而扩大防火分区面积的，应注意检查其自动喷水灭火系统、火灾自动报警系统等是否完好、有效，装修材料是否变更等。 →对采用防火封堵材料封堵的，应检查是否出现漏封、封堵不严等现象。 →检查用作防火分隔的防火挑檐、阻火圈、防火幕等是否处于完好状态。 →检查变形缝（包括沉降缝、伸缩缝、抗震缝）构造基层是否采用不燃材料密实封堵。电线、电缆、可燃气体和甲、乙、丙类液体的管道是否穿过建筑内的变形缝。  图　阻火圈

✅ （3）防烟分区

防烟分区	◆ **最大允许面积** →当空间净高小于或等于 3m 时，不应大于 $500m^2$。 →当空间净高大于 3m、小于或等于 6m 时，不应大于 $1000m^2$。 →当空间净高大于 6m、小于或等于 9m 时，不应大于 $2000m^2$。 ◆ **设置要求** →防烟分区应采用挡烟垂壁、隔墙、结构梁等划分。 →防烟分区不应跨越防火分区。

(续)

防烟分区	→每个防烟分区的建筑面积不宜超过规范要求。 →采用隔墙等形成封闭的分隔空间时，该空间宜作为一个防烟分区。 →贮烟仓高度不应小于空间净高的 10%，且不应小于 500 mm，同时应保证疏散所需的清晰高度；最小清晰高度应由计算确定。 →有特殊用途的场所应单独划分防烟分区。 →设置排烟设施的建筑内，敞开楼梯和自动扶梯穿越楼板的开口部应设置挡烟垂壁等设施。 **◆挡烟垂壁** →常设置在烟气扩散流动的路线上烟气控制区域的分界处，和排烟设备配合进行有效排烟。 →其从顶棚下垂的高度一般应距顶棚面 50cm 以上，称为有效高度。 **◆建筑横梁** →当建筑横梁的高度超过 50cm 时，该横梁可作为挡烟设施使用。 **◆检查要点** →根据竣工验收资料了解防烟分区的划分范围、分隔设施类别及材质、消防联动关系等，在现场查看形成防烟分区的分隔设施是否完好、分隔设施材质是否发生改变等。 →防烟分区区域内设置的吊顶或格栅是否影响蓄烟效果。 →利用玻璃等材质制作的固定挡烟垂壁划分防烟分区时： ①应打开检修口盖板，检查吊顶内固定垂壁是否完整分隔屋顶至吊顶间区域。 ②使用灯光检查其隔板安装的严密性是否完好，是否存在残缺。 ③检查其固定是否牢固、材质是否发生变化等。 →利用活动挡烟垂壁划分防烟分区时： ①应检查挡烟垂壁标识是否完好，外观是否存在缺陷。 ②具有手动执行机构的，还应检查手动执行机构标识是否醒目。 ③模拟产生挡烟垂壁释放条件，观察挡烟垂壁是否能自动释放、释放后的挡烟垂壁是否能形成有效的分隔形状、释放信号是否能准确反馈至消防控制室等。

☑ （4）室内消火栓系统

◆组成

→ 干式室内消火栓系统由干式消防竖管、室内消火栓、雨淋阀（干式报警阀）、消防水源和供水设施等组成。

→ 建筑高度大于21m的住宅建筑应设置室内消火栓系统；建筑高度不大于27m的住宅建筑，当确有困难时，可只设置干式消防竖管和不带消火栓箱的DN65mm的室内消火栓。

→ 湿式室内消火栓由消防水源、供水设施、室内消防给水管网和室内消火栓设备等组成。

图　雨淋阀

◆应设室内消火栓系统的建筑

→ 建筑占地面积大于300m²的厂房（仓库）。

→ 体积大于5000m³的车站、码头、机场的候车（船、机）楼以及展览建筑、商店建筑、旅馆建筑、医疗建筑和图书馆建筑等单层、多层建筑。

→ 特等、甲等剧场，超过800个座位的其他等级的剧场和电影院等，超过1200个座位的礼堂、体育馆等单层、多层建筑。

→ 建筑高度大于15m或体积大于10000m³的办公建筑、教学建筑和其他单层、多层民用建筑。

→ 高层公共建筑和建筑高度大于21m的住宅建筑。

→ 对于建筑高度不大于27m的住宅建筑，当确有困难时，可只设置干式消防竖管和不带消火栓箱的DN65mm的室内消火栓。

（续）

消防监督员便携手册

室内消火栓系统

◆ **外观检查**

→ 查看消火栓箱标志是否醒目、清晰，本体及周围是否存在影响辨认的障碍物，箱体内或箱门外是否张贴操作说明。

◆ **消火栓箱内组件检查**

→ 打开箱门，检查水带、水枪、消火栓、消火栓启泵按钮是否齐全。

→ 水带是否霉变、粘连，涂胶层是否开裂。

→ 消防接口与水带连接是否牢固，密封垫是否完好。

→ 消火栓接口、手轮是否完好，用于减压、稳压的孔板等是否完好。

→ 消火栓启泵按钮接线是否完好，击打锤是否在位，有巡检指示功能的按钮还应检查巡检指示灯是否闪亮。

→ 消火栓箱内配置有消防软管卷盘的，还应检查胶管与小水枪、阀门等连接是否牢固，胶管是否粘连、开裂；支架的转动机构是否灵活，转动角度是否满足使用要求；阀门操作手柄是否完好。

→ 消火栓箱内配置有的泡沫液贮存容器的泡沫消火栓，还应检查贮存容器是否锈蚀、变形、漏液；泡沫液是否足量、过期；吸液组件是否齐全，连接部位是否严密、牢固，吸液管是否变形、开裂等。

图　消火栓箱

◆ **开启性能检查**

→ 检查箱门的开启是否灵活、开启角度是否不小于120°。

→ 转动消火栓本体，检查旋转型消火栓旋转机构是否灵活。

室内消火栓系统

◆ **消火栓栓口静压测试**

→ 使用消火栓测试装置，检查最有利处室内消火栓栓口静压是否不大于1.0MPa。

→ 检查同一楼层各消火栓栓口压力是否一致。

→ 检查同一供水区域的不同楼层间消火栓栓口静压差是否一致；检查相邻供水区域相邻楼层消火栓栓口静压差是否满足消防设计文件要求。

◆ **消火栓出水压力测试**

→ 使用消火栓测试装置，检查不同供水区域最不利点处消火栓（如屋顶试验消火栓）出水压力是否满足充实水柱达到设计要求。

→ 测试供水区域内最有利点消火栓（如位于管网最低部位的消火栓）出水压力是否不大于0.5MPa。

→ 测试减压、减压稳压型消火栓的减压、稳压功能是否正常。

→ 检查消防水带在压力状态下是否能正常供水，各接口处是否无渗漏。

◆ **消防软管卷盘射水**

→ 检查消防软管卷盘的操作是否方便。

→ 打开供水阀，检查各连接处是否无渗漏。

→ 开启小水枪，检查其喷水情况是否正常。

◆ **泡沫喷射**

→ 按照使用说明，操作泡沫消火栓，检查泡沫消火栓是否能正常吸液、泡沫发泡及喷射情况是否正常。

◆ **消火栓启泵按钮启泵功能**

→ 模拟消火栓按钮动作。

→ 观察消火栓启泵按钮上的指示灯（回答灯）是否点亮。

→ 查看消防控制室是否收到消火栓启泵按钮的报警信号，是否收到消防水泵启动的反馈信息，或在消防泵房查看消防水泵是否启动。

4

室内消防监督检查

✓ (5) 火灾自动报警系统

火灾自动报警系统

◆ **控制及显示要求**

→应能显示保护区域内火灾探测器、火灾显示盘、手动火灾报警按钮的工作状态。

→应能控制火灾声光警报器的工作状态（启动和停止）。

→应能显示消防水箱（池）最低水位监管报警信息等。

→建筑物内安装有可燃气体探测报警系统、电气火灾监控系统时，消防控制室应能接收保护区域内的可燃气体探测报警系统、电气火灾监控系统的报警信号，并显示相关联动反馈信息。

图　火灾声光警报器

◆ **形式及组成**

→区域报警系统

①适用于仅需要报警，不需要联动自动消防设备的保护对象。

②由火灾探测器、手动火灾报警按钮、火灾声光警报器及火灾报警控制器等组成。

③系统中可以包括消防控制室图形显示装置和指示楼层的区域显示器。

→集中报警系统

①适用于需要报警和具有联动自动消防设备要求的保护对象。

②由火灾探测器、手动火灾报警按钮、火灾声光警报器、消防应急广播、消防专用电话、消防控制室图形显示装置、火灾报警控制器和消防联动控制器等组成。

└→ 控制中心报警系统

①一般适用于建筑群或体量很大的保护对象。

②控制中心报警系统应用于两个及以上消防控制室的保护对象，或已设置了两个及以上集中报警系统的保护对象，由一个主消防控制室和若干个分消防控制室的设备组成。

◆ **探测区域应按独立房（套）间划分**

→ 一个探测区域的面积不宜超过 $500m^2$。

→ 从主要入口能看清其内部，且面积不超过 $1000m^2$ 的房间，也可划为一个探测区域。

→ 红外光束感烟火灾探测器和缆式线型感温火灾探测器的探测区域的长度不宜超过100m。

→ 空气管差温火灾探测器的探测区域长度宜在 $20\sim100m$。

◆ **应单独划分探测区域的场所**

→ 敞开或封闭楼梯间、防烟楼梯间。

→ 防烟楼梯间前室、消防电梯前室、消防电梯与防烟楼梯间合用的前室、走道、坡道。

→ 电气管道井、通信管道井、电缆隧道；建筑物闷顶、夹层。

◆ **火灾探测器分类**

→ 感烟火灾探测器根据探测原理的不同分为离子、光电、红外光束多种类型。对于吸气型感烟火灾探测器根据探测原理不同分为吸气型离子感烟火灾探测器、吸气型光电感烟火灾探测器。

→ 感温火灾探测器根据敏感元件的不同分为膜盒、双金属、玻璃球、空气管、热敏电缆、热电偶、半导体、水银接点、热敏电阻、易熔材料、光纤多种类型；根据敏感方式的不同分为定温、差温、差定温多种类型。

→ 感光火灾探测器根据传感器不同分为紫外、红外、多波段多种类型。

→ 可燃气体探测器根据气体传感器不同分为半导体气敏传感器、催化燃烧式气敏传感器、电化学气敏传感器、光学式气敏传感器等。

→ 特种火灾探测器按探测原理的不同分为点型红外火焰探测器、吸气式感烟火灾探测器、图像型火灾探测器和点型一氧化碳火灾探测器。

火灾自动报警系统

4

室内消防监督检查

(续)

图　点型红外火焰探测器

火灾自动报警系统

◆ **火灾探测器选型**

→对火灾初期有阴燃阶段，产生大量的烟和少量的热，很少或没有火焰辐射的场所，应选择感烟火灾探测器。

→对火灾发展迅速，可产生大量热、烟和火焰辐射的场所，可选择感温火灾探测器、感烟火灾探测器、火焰探测器或其组合。

→对火灾发展迅速，有强烈的火焰辐射和少量的烟、热的场所，应选择火焰探测器。

→对火灾初期有阴燃阶段，且需要早期探测的场所，宜增设一氧化碳火灾探测器。

→对使用、生产可燃气体或可燃蒸气的场所，应选择可燃气体探测器。

→根据保护场所可能发生火灾的部位和燃烧材料的分析选择相应的火灾探测器（包括火灾探测器的类型、灵敏度和响应时间等），对火灾形成特征不可预料的场所，可根据模拟试验的结果选择火灾探测器。

→同一探测区域内设置多个火灾探测器时，可选择具有复合判断火灾功能的火灾探测器和火灾报警控制器，提高报警时间要求和报警准确率要求。

◆ **火灾探测器的外观检查**

→探测器表面是否存在影响探测功能的障碍物（如感温原件表面涂覆涂料，点型感烟探测器烟气通道被涂料、胶带纸、防尘罩等堵塞）。

→探测器周围是否存在影响探测器及时报警的障碍物（如凸出顶棚的装修隔断、空调出风口等）。

→具有巡检指示功能的探测器，其巡检指示灯是否正常闪亮。

◆ **火灾探测器的适用性检查**

　→根据场所的使用功能及初期火灾特征，判断既有火灾探测是否适用。

　→查阅工程竣工资料，依据火灾探测区域划分原则，判断场所内是否存在探测盲区。

◆ **火灾探测器的火灾报警功能检查**

　→模拟产生火灾信号，查看探测器火灾报警确认灯是否点亮。

　→查看火灾报警控制器是否收到其输出的火警信号。

　→查看其报警确认灯是否能保护至火灾报警控制器实施复位操作。

◆ **火灾探测器的清洁维护保养检查**

　→查阅有关档案，核实火灾探测器是否按照技术标准、使用说明由具有资质、资格的单位、人员定期进行功能测试和清洁维护，相关记录是否完整。

◆ **手动火灾报警按钮外观检查**

　→标识是否清晰。

　→面板是否破损。

　→使用过的易损件是否更换为非标配易损件。

　→具有巡检指示功能的手动报警按钮其指示灯是否正常闪亮。

　→带有电话插孔的手动报警按钮，其保护措施是否完好。

　→手动报警按钮周围是否存在影响辨识和操作的障碍物。

火灾自动报警系统

4

室内消防监督检查

消防监督员便携手册

火灾自动报警系统

◆ **手动火灾报警按钮报警功能检查**

→ 手动按下（拉下）型，直接压下面板，查看报警确认灯是否点亮，核实火灾报警控制器是否接收到其发出的火警信号；使用专门复位工具，检查其复位功能是否正常，观察报警确认灯是否熄灭。

→ 手动按碎（击打）型，按照产品使用说明进行模拟报警操作，查看报警确认灯是否点亮，核实火灾报警控制器是否接收到其发出的火警信号；使按钮恢复原状，观察报警确认灯是否熄灭。

◆ **火灾报警控制器**（区域、集中、通用）**的显示功能检查**

→ 查看控制器显示器件（数码管、液晶屏等）、指示灯功能是否正常；系统显示时间是否存在误差；打印机是否处于开启状态。

→ 观察火警、监管、故障、屏蔽指示灯状态，判断控制器是否处于火灾报警、监管报警、故障报警状态，控制器是否屏蔽了有关火灾探测器等。

→ 观察消防控制中心系统主机的通信故障指示灯状态，判断主机与从机间通信是否有故障。

→ 查看电源故障指示灯状态，判断控制器电源是否处于故障状态。

◆ **火灾报警控制器**（区域、集中、通用）**的自检功能检查**

→ 按下火灾报警控制器面板上的"自检"按钮。

→ 观察控制器显示器件（数码管、液晶屏等）是否能正常、完整显示信息。

→ 指示灯是否能点亮（具有多色显示功能的是否能分别显示出不同颜色），声响器件是否能清晰发出火警、监管报警、故障报警音频。

→ 按下打印机"自检"按钮或通过控制器对打印机进行自检，查看打印机是否存在笔画缺失现象。

火
灾
自
动
报
警
系
统

◆ **火灾报警控制器**（区域、集中、通用）**的联动设置功能、火灾（监管）报警功能、消音功能、二次报警功能、复位功能**

→ 通过操作控制器面板，将联动功能设置为"手动"或"禁止"状态。

→ 模拟触发火灾报警控制器报警回路上任一火灾探测器或手动报警按钮或监管对象（压力开关）。

→ 查看火灾报警控制器能否发出声、光报警信号，显示器件是否能显示报警部位（地址），打印机是否自动打印。

→ 按下"消音"按钮，核实声报警信号是否能消除，"消音"指示灯是否能点亮。

→ 核对显示器件所显示的信息是否与保护场所名称相对应，记录的报警时间是否存在误差。

→ 再模拟触发任一火灾探测器或手动火灾报警按钮或监管对象（压力开关），声报警信号是否能再次响起。

→ 消防控制中心系统，还应查看从控制器能否向主控制器传送报警信息，主控制器能否接收并清晰、正确显示报警信息。

→ 设有区域显示器的区域报警系统、集中报警系统，还应查看报警控制器能否向区域显示器发送火灾报警信息。

→ 使火灾探测器或手动火灾报警按钮或监管对象（压力开关）恢复原状，按下报警控制器面板上"复位"按钮，查看控制器是否能恢复到正常监控状态。

◆ **火灾报警控制器**（区域、集中、通用）**的故障报警功能、火警优先功能检查**

→ 取下火灾探测器的探头，查看火灾报警控制器能否发出与火灾报警、监管报警信号有明显区别的声、光故障信号，是否能正确指出故障部位或类型。

→ 模拟触发火灾探测器或手动火灾报警按钮或监管对象（压力开关），查看火灾报警控制器能否立即显示火灾报警、监管报警信号。

4

室
内
消
防
监
督
检
查

（续）

火灾自动报警系统

◆ **火灾报警控制器（区域、集中、通用）的主备电源转换功能检查**

→ 查看电池组接线柱是否存在氧化现象，连接导线是否松脱，电池是否存在漏液、变形现象。

→ 切断主电源开关，火灾报警控制器是否发出故障声报警信号；查看主电源工作指示灯是否熄灭，主电源故障指示灯是否点亮；查看备电源工作指示灯是否点亮。

→ 合上主电源开关，查看备电源工作指示灯是否熄灭、主电源工作指示灯是否点亮、电源故障指示灯是否熄灭。

→ 切断备电源开关，火灾报警控制器是否发出故障声报警信号，查看备电源故障指示灯是否点亮。

→ 查看蓄电池组维护保养记录，是否对电池进行定期维护和更换。

◆ **火灾报警控制器（区域、集中、通用）的其他功能检查**

→ 若具有"屏蔽"功能，通过操作，查阅火灾探测器报警系统是否存在屏蔽信息。

→ 通过操作，查阅系统历史信息，判断火灾报警控制器是否存在不正常的开、关机操作，值班记录是否存在报警、故障信息遗漏等。

→ 通过操作，查阅系统配置信息，判断火灾探测报警系统是否存在设备、器件未登录、注册，未处于激活工作状态等。

→ 查看火灾报警控制器保护接地装置是否完好、标志是否完整清晰、连接线是否松脱。

◆ **区域显示器的外观检查**

→ 是否处于正常工作状态，工作状态指示灯是否处于点亮，是否存在遮挡等影响观察的障碍物。

火灾自动报警系统

◆ **区域显示器的报警显示功能检查**

→ 模拟所辖区域内任意一只火灾探测器或手动火灾报警按钮报警，观察区域显示器火警指示灯是否点亮、显示的位置信息是否正确。

→ 按下"消音"按钮，查看警告音是否消除，"消音"指示灯是否点亮。

→ 再模拟另一只火灾探测器报警，查看声报警信号是否能再次响起。

→ 使探测器恢复原状，待火灾报警控制器复位后，观察区域显示器是否恢复至正常工作状态。

◆ **火灾警报装置检查**

→ 周围是否存在影响观察、声音传播的障碍物。

→ 根据逻辑关系，模拟产生启动命令，判断其是否能正常接收火灾报警控制器、消防联动控制器输出的控制信号。

→ 接收到控制信号后，查看其是否能正常发出声警报或声、光警报；当环境噪声大于 60dB 的场所，使用声级计测量声警报的声压级是否高于背景噪声 15dB。

◆ **消防控制室图形显示装置检查**

→ 图形显示装置是否处于正常监控、显示工作状态。

→ 检查软件的各项功能是否能正常操作、显示。

→ 模拟产生火灾报警、监管报警、故障报警、联动设备动作等，查看图形显示装置信息显示、状态指示等各项功能是否正常，显示信息是否准确。

→ 检查系统主机内是否存储有其他无关的软件和程序。

◆ **短路隔离器检查**

→ 检查短路隔离器是否处于工作状态。

→ 模拟线路短路，查看短路隔离器是否向火灾报警控制器发出短路故障信号，火灾报警控制器显示的故障部位是否准确。

4

室内消防监督检查

(续)

火灾自动报警系统	 图 短路隔离器 ◆ **信号输入模块检查** → 检查信号输入模块安装是否牢固、工作状态指示灯是否闪亮。 → 信号输入模块至监控对象的连接线保护措施是否完好、有效，是否松脱。 → 模拟监控对象动作，观察信号输入模块是否向火灾报警控制器发出报警信号，火灾报警控制器显示的部位信息是否准确。 ◆ **系统功能** → 系统功能试验结合火灾报警控制器有关报警功能、火警优先功能一并进行。

✅ (6) 安全出口

安全出口	◆ **概念** → 安全出口是指供人员安全疏散用的楼梯间和室外楼梯的出入口或直通室内外安全区域的出口。 ◆ **疏散楼梯** → 敞开楼梯间一般是指建筑物室内由墙体等围护构件构成的无封闭防烟功能，且与其他使用空间直接相通的楼梯间。 → 封闭楼梯间是指用建筑构配件分隔，能防止烟和热气进入的楼梯间。高层民用建筑、高层厂房（仓库）、人员密集的公共建筑、人员密集的多层丙类厂房中封闭楼梯间的门应为向疏散方向开启的乙级防火门，其他建筑封闭楼梯间的门可采用双向弹簧门。

→防烟楼梯间是指在楼梯间出口处设有前室面积不小于规定数值，并设有防烟设施，或设专供排烟用的阳台、凹廊等，且通向前室和楼梯间的门均为乙级防火门的楼梯间。

→室外疏散楼梯主要用于应急疏散，可作为辅助防烟楼梯使用。

◆ 疏散楼梯的平面布置

→疏散楼梯宜设置在标准层（或防火分区）的两端，以便为人们提供两个不同方向的疏散路线。

→疏散楼梯宜靠近电梯设置。如果电梯厅为开敞式，为避免因高温烟气进入电梯井而切断通往疏散楼梯的通道，两者之间应进行防火分隔。

→疏散楼梯宜靠外墙设置。这种布置方式有利于采用带开敞前室的疏散楼梯间，同时也便于自然采光、通风和进行火灾的扑救。

◆ 疏散楼梯的竖向布置

→应保持上、下畅通。高层建筑的疏散楼梯宜通至平屋顶。通向屋面的门或窗应向外开启。

→应避免不同的人流路线相互交叉。

◆ 疏散门的设置要求

→应向疏散方向开启，但人数不超过 60 人的房间且每樘门的平均疏散人数不超过 30 人时，其门的开启方向不限（除甲、乙类生产车间外）。

→民用建筑及厂房的疏散门应采用向疏散方向开启的平开门。但丙、丁、戊类仓库首层靠墙的外侧可采用推拉门或卷帘门。

→当开向疏散楼梯或疏散楼梯间的门完全开启时，不应减小楼梯平台的有效宽度。

→人员密集场所内平时需要控制人员随意出入的疏散门和设置门禁系统的住宅、宿舍、公寓建筑的外门，应保证火灾时不需使用钥匙等任何工具即能从内部易于打开，并应在显著位置设置具有使用提示的标识。

安全出口

4

室内消防监督检查

→ 人员密集的公共场所、观众厅的入场门、疏散出口不应设置门槛，且紧靠门口内外各 1.4m 范围内不应设置台阶，疏散门应为推拉式外开门。

→ 高层建筑直通室外的安全出口上方，应设置挑出宽度不小于 1m 的防护挑檐。

◆ **安全出口设置的基本要求**

→ 公共建筑内的每个防火分区或一个防火分区的每个楼层，其安全出口应经计算确定，且不应少于 2 个。

→ 建筑内每个防火分区或一个分区的每个楼层、每个住宅单元每层相邻 2 个安全出口以及每个房间相邻 2 个疏散门最近边缘之间的水平距离不应小于 5m。

→ 一、二级耐火等级公共建筑内，当一个防火分区的安全出口全部直通室外确有困难时，符合相关规定的防火分区可利用通向相邻防火分区的甲级防火门作为安全出口。

◆ **可利用通向相邻防火分区的甲级防火门作为安全出口的规定**

→ 一、二级耐火等级公共建筑内，当一个防火分区的安全出口全部直通室外确有困难时，应采用防火墙与相邻防火分区进行分隔。

→ 建筑面积大于 1000m² 的防火分区，直通室外的安全出口数量不应少于 2 个；建筑面积小于或等于 1000m² 的防火分区，直通室外的安全出口数量不应少于 1 个。

→ 该防火分区通向相邻防火分区的疏散净宽度，不应大于计算所需总净宽度的 30%。

◆ **公共建筑安全出口的设置要求**（一个安全出口）

→ 除托儿所、幼儿园外，建筑面积不大于 200m² 且人数不超过 50 人的单层建筑或多层建筑的首层。

安全出口

→ 除医疗建筑，老年人照料设施，托儿所、幼儿园的儿童用房，儿童游乐厅等儿童活动场所和歌舞娱乐放映游艺场所等外，应符合下列规定：

① 一、二级耐火等级不超过 3 层的公共建筑，每层最大面积不超过 200m² 且第 2 层和第 3 层的人数之和不超过 50 人。

② 三级耐火等级不超过 3 层的公共建筑，每层最大面积不超过 200m² 且第 2 层和第 3 层的人数之和不超过 25 人。

③ 四级耐火等级不超过 2 层的公共建筑，每层最大面积不超过 200m² 且第 2 层人数不超过 15 人。

→ 一、二级耐火等级多层公共建筑，当设置不少于 2 部疏散楼梯且顶层局部升高层数不超过 2 层、人数之和不超过 50 人、每层建筑面积不大于 200m² 时，该局部高出部位可设置一部与下部主体建筑楼梯间直接连通的疏散楼梯，但至少应另设置一个直通主体建筑上人平屋面的安全出口，该上人屋面应符合人员安全疏散要求。

◆ **住宅建筑安全出口的设置要求**

→ 建筑高度不大于 27m 的建筑，当每个单元任一层的建筑面积大于 650m²，或任一户门至最近安全出口的距离大于 15m 时，每个单元每层的安全出口不应少于 2 个。

→ 建筑高度大于 27m、不大于 54m 的建筑，当每个单元任一层的建筑面积大于 650m²，或任一户门至最近安全出口的距离大于 10m 时，每个单元每层的安全出口不应少于 2 个。

→ 建筑高度大于 54m 的建筑，每个单元每层的安全出口不应少于 2 个。

→ 建筑高度大于 27m，但不大于 54m 的住宅建筑，每个单元设置一座疏散楼梯时，疏散楼梯应通至屋面，且单元之间的疏散楼梯应能通过屋面连通，户门应采用乙级防火门。当不能通至屋面或不能通过屋面连通时，应设置 2 个安全出口。

安全出口

4

室内消防监督检查

111

（续）

安全出口

◆ **厂房、仓库安全出口的设置要求**

→厂房、仓库的安全出口应分散布置。

→每个防火分区、1 个防火分区的每个楼层，相邻 2 个安全出口最近边缘之间的水平距离不应小于 5m。

◆ **厂房、仓库可设置 1 个安全出口的条件**

→甲类厂房，每层建筑面积不超过 $100m^2$，且同一时间的生产人数不超过 5 人。

→乙类厂房，每层建筑面积不超过 $150m^2$，且同一时间的生产人数不超过 10 人。

→丙类厂房，每层建筑面积不超过 $250m^2$，且同一时间的生产人数不超过 20 人。

→丁、戊类厂房，每层建筑面积不超过 $400m^2$，且同一时间的生产人数不超过 30 人。

→地下、半地下厂房或厂房的地下室、半地下室，其建筑面积不大于 $50m^2$ 且经常停留人数不超过 15 人。

→一座仓库的占地面积不大于 $300m^2$ 或防火分区的建筑面积不大于 $100m^2$。

→地下、半地下仓库或仓库的地下室、半地下室，建筑面积不大于 $100m^2$。

◆ **安全出口检查——设置位置及数量**

→根据竣工验收资料，核对安全出口设置位置是否发生改变，数量是否减少。

◆ **安全出口检查——标志标识**

→实地检查安全出口标志是否醒目、完好；标志周围是否存在影响观察的障碍物；采用灯光显示的标志牌，其电源是否采用消防电源。

◆ **安全出口检查——疏散性能**

→ 安全出口的门是否朝疏散方向开启。

→ 安全出口附近地面是否设有门槛、踏步或其他妨碍行走的设施。

→ 当门扇开启后，是否影响疏散走道和平台的宽度。

◆ **安全出口检查——特殊疏散门开启性能**

→ 采用安全控制与报警逃生门锁系统的，其报警延迟时间不应超过 15s。

→ 采用与火灾自动报警系统联动，且具备远程控制和现场手动开启装置的电磁门锁装置的，其联动功能、远程控制功能和现场手动开启功能应正常；采用推门式外开门的，其推门组件应齐全，功能应完好。

→ 其"紧急出口"标识、使用提示是否在显著位置设置且醒目、完整。

图　紧急出口

◆ **敞开楼梯间检查**

→ 检查楼梯间栏杆、扶手是否完好。

→ 楼梯间是否采用可燃材料装修。

→ 休息平台、梯段处是否堆放有影响人员疏散的物品，是否设置了有其他功能的场所。

→ 楼梯间内可开启外窗是否被固定或采用其他措施封堵。

→ 楼层标志是否醒目、完好等。

→ 楼梯间内设置的消防应急照明灯具是否处于完好、有效状态。

安全出口

4

室内消防监督检查

安全出口

◆封闭楼梯间检查

→通向楼梯间的乙级防火门按有关内容对其进行检查。

→通向楼梯间的门为双向弹簧门时，检查门扇运行方向上是否存在阻碍；门扇运行时是否卡滞；测试当门扇处于正、反两个最大方向角时，门是否能正常关闭。

→沿楼梯间行走，检查楼梯间的内墙上是否开设其他门窗洞口；封闭楼梯间的顶棚、墙面和地面的装修材料是否采用不燃性材料等。

◆防烟楼梯间检查

→按有关内容检查防烟前室、被用来排烟的阳台、凹廊是否具有防烟、排烟功能。

→设有正压送风防烟系统的防烟前室，当系统启动后，余压值是否为 25～30Pa。

→防烟楼梯间设有正压送风防烟设施的，检查正压送风口的自动开启、关闭功能是否完好；正压送风机是否能在火灾时自动启动；风机启动时，楼梯间余压值是否为 40～50Pa。

→防烟楼梯间与前室合用正压送风防烟系统时，还应检查通向合用前室的支风管上设置的压差自动调节装置是否完好、有效。

→剪刀楼梯间的隔墙是否完好，两个楼梯间分设的正压送风防烟系统是否完好、有效。

◆室外楼梯检查

→通向室外楼梯的门是否被锁闭、封堵。

→使用门禁系统的，检查其在火灾、停电状态下能否自动开启，手动应急开启措施是否有效。

→检查每层出口处平台、室外楼梯上是否存放有妨碍人员疏散的物品，是否设置有防盗的栅栏等，是否设置有妨碍烟气排出的围栏。

→楼梯栏杆、扶手是否完好、牢固。

→检查在楼梯周围 2.0m 内的墙面上除设疏散门外，是否存在开设其他门、窗、洞口。

安全出口	→通向地面的出口处设置的防入侵设施是否妨碍开启，出口周围是否存在影响人员逃生的障碍物等。 →非预制室外楼梯，检查其制作材料是否存在变形、锈蚀、缺损等情况；踏步、栏杆、扶手、支撑构件间的连接处是否存在脱落、松动等现象。  图　室外楼梯

✅ （7）建筑内部装修材料

建筑内部装修材料	**◆建筑内部装修使用的材料燃烧性能等级划分** →A（不燃性）、B_1（难燃性）、B_2（可燃性）和 B_3（易燃性）四级。 **◆常用建筑内部装修材料燃烧性能等级划分** →各部位材料（A级） 花岗石、大理石、水磨石、水泥制品、混凝土制品、石膏板、石灰制品、黏土制品、玻璃、瓷砖、马赛克、钢铁、铝、铜合金等。 →顶棚材料（B_1级） 纸面石膏板、纤维石膏板、水泥刨花板、矿棉装饰吸声板、玻璃棉装饰吸声板、珍珠岩装饰吸声板、难燃胶合板、难燃中密度纤维板、岩棉装饰板、难燃木材、铝箔复合材料、难燃酚醛胶合板、铝箔玻璃钢复合材料等。

建筑内部装修材料	→墙面材料（B₁级）纸面石膏板、纤维石膏板、水泥刨花板、矿棉板、玻璃棉板、珍珠岩板、难燃胶合板、难燃中密度纤维板、防火塑料装饰板、难燃双面刨花板、多彩涂料、难燃墙纸、难燃墙布、难燃仿花岗岩装饰板、氯氧镁水泥装配式墙板、难燃玻璃钢平板、PVC塑料护墙板、轻质高强复合墙板、阻燃模压木质复合板材、彩色阻燃人造板等。

墙面材料（B₁级）

纸面石膏板、纤维石膏板、水泥刨花板、矿棉板、玻璃棉板、珍珠岩板、难燃胶合板、难燃中密度纤维板、防火塑料装饰板、难燃双面刨花板、多彩涂料、难燃墙纸、难燃墙布、难燃仿花岗岩装饰板、氯氧镁水泥装配式墙板、难燃玻璃钢平板、PVC塑料护墙板、轻质高强复合墙板、阻燃模压木质复合板材、彩色阻燃人造板等。

墙面材料（B₂级）

各类天然木材、木制人造板、竹材、纸制装饰板、装饰微薄木贴面板、印刷木纹人造板、塑料贴面装饰板、聚酯装饰板、复塑装饰板、塑纤板、胶合板、塑料壁纸、无纺贴墙布、墙布、复合壁纸、天然材料壁纸、人造革等。

地面材料（B₁级）

硬PVC塑料地板、水泥刨花板、水泥木丝板、氯丁橡胶地板等。

地面材料（B₂级）

半硬质PVC塑料地板、PVC卷材地板、木地板氯纶地毯。

装饰织物（B₁级）

经阻燃处理的各类难燃织物等。

装饰织物（B₂级）

纯毛装饰布、纯麻装饰布、经阻燃处理的其他织物等。

其他装饰材料（B₁级）

聚氯乙烯塑料、酚醛塑料、聚碳酸酯塑料、聚四氟乙烯塑料、三聚氰胺、脲醛塑料、硅树脂塑料装饰型材、经阻燃处理的各类织物等（另见顶棚材料和墙面材料中的有关材料）。

其他装饰材料（B₂级）

经阻燃处理的聚乙烯、聚丙烯、聚氨酯、聚苯乙烯、玻璃钢、化纤织物、木制品等。

建筑内部装修材料

◆ 建筑内部装修防火的一般要求

→ 建筑内部装修应妥善处理装修效果和使用安全的矛盾，积极采用不燃性材料和难燃性材料，尽量避免大量增加火灾负荷和采用在燃烧时产生大量浓烟或有毒气体的材料。

→ 建筑内部装修不应遮挡消防设施、疏散指示标志及安全出口，并不应妨碍消防设施和疏散走道的正常使用。消防栓门四周的装修材料颜色应与消火栓门的颜色有明显区别。

→ 建筑内部装修不应减少安全出口、疏散出口和疏散走道的设计所需的净宽度和数量。

◆ 建筑装修材料燃烧性能的特别规定（1）

→ 除地下建筑外，无窗房间的内部装修材料的燃烧性能等级，除A级外，应在原规定的基础上提高一级。

→ 图书室、资料室、档案室和存放文物房间、大中型计算机房、中央控制室、电话总机房等放置特殊贵重设备的房间顶棚、墙面应为A级装修材料，地面应使用不低于B_1级装修材料。

→ 消防水泵房、排烟机房、固定灭火系统钢瓶间、配电室、变压器室、通风和空调机房、厨房、无自然采光楼梯间、封闭楼梯间、防烟楼梯间及其前室等，其内部所有装修均应采用A级装修材料。

→ 建筑内部的配电箱不应直接安装在B_1级装修材料上。照明灯具的高温部位，当靠近非A级装修材料时，应采取隔热、散热等防火保护措施。灯饰所用的材料的燃烧性能等级不应低于B_1级。

◆ 建筑装修材料燃烧性能的特别规定（2）

→ 建筑物内设有上、下层相连通的中庭、走马廊、开敞楼梯、自动扶梯时，其连通部位的顶棚、墙面应采用A级装修材料，其他部位应采用不低于B_1级的装修材料。

→ 防烟分区的挡烟垂壁，其装修材料应采用A级装修材料；建筑内部的变形缝（包括沉降缝、伸缩缝、抗震缝等）两侧的基层应采用A级材料，表面装修材料燃烧性能不得低于B_1级。

→ 地上建筑的水平疏散走道和安全出口的门厅，其顶棚装饰材料应采用A级装修材料，其他部位应采用不低于B_1的装修材料。

4
室内消防监督检查

117

（续）

建筑内部装修材料	→建筑物内的厨房，其顶棚、墙面、地面均应采用 A 级装修材料。
	→经常使用明火器具的餐厅、科研实验室，装修材料的燃烧性能等级，除 A 级外，应在原规定的基础上提高一级。
	→歌舞娱乐游艺放映场所设置在一、二级耐火等级建筑的四层及四层以上时，室内装修的顶棚材料应采用 A 级装修材料，其他部位应采用不低于 B_1 级的装修材料；当设置在地下一层时，室内装修的顶棚、墙面材料应采用 A 级装修材料，其他部位应采用不低于 B_1 级的装修材料。
	→单层、多层建筑中建筑面积小于 $100m^2$ 的房间，当采用防火墙和甲级防火门窗与其他部位分隔时，其装修材料的燃烧性能等级可在原规定的基础上降低一级。
	→除设置在地下一层、地上四层或四层以上歌舞娱乐放映游艺场所外，单层、多层民用建筑内装有自动灭火系统时，除顶棚外，其内部装修材料的燃烧性能等级可在原规定的基础上降低一级；当同时装有自动报警系统和自动灭火系统时，其顶棚装修材料的燃烧性能等级可在原规定的基础上降低一级，其他装修材料的燃烧性能等级可以不限。
	→除设置在地下一层、地上四层或四层以上歌舞娱乐放映游艺场所和 $100m^2$ 以上及大于 800 个座位的观众厅、会议厅、顶层餐厅外，高层民用建筑内设有火灾自动报警装置和自动灭火系统时，除顶棚外，其内部装修材料的燃烧性能等级可在原规定的基础上降低一级。
	→高层民用建筑的裙房内面积小于 $500m^2$ 的房间，当设有自动灭火系统，并且采用耐火等级不低于 2h 的隔墙、甲级防火门窗与其他部位分隔时，顶棚、墙面、地面的装修材料的燃烧性能等级可在原规定的基础上降低一级。
	→单独建造的地下民用建筑的地上部分，其门厅、休息室、办公室等内部装修材料的燃烧性能等级可在原规定的基础上降低一级。

建筑内部装修材料

◆ **建筑装修材料燃烧性能的特别规定（3）**

→ 地下商场、地下展览厅的售货柜台、固定货架、展览台等，应采用 A 级装修材料。

→ 当厂房中房间的地面为架空地板时，其地面装修材料的燃烧性能等级不应低于 B_1 级。

→ 装有贵重机器、仪器的厂或房间，其顶棚和墙面应采用 A 级装修材料；地面和其他部位应采用不低于 B_1 级的装修材料。

◆ **建筑内部装修检查要点**

→ 根据竣工验收资料中装修材料的合格证明文件、相应检验测试报告和有关消防设计文件，实地查验现场布局、使用性质、功能、规模、装饰装修材料是否改变。

→ 注意检查建筑的装饰装修是否遮挡消防设施和疏散指示标志及出口，是否妨碍消防设施和安全出口、疏散走道的正常使用，特别要检查疏散走道的顶棚、两侧墙面和安全出口附近是否采用镜面玻璃、壁画等影响人员疏散的装饰装修材料。

→ 对设置有防火分隔措施、自动喷水灭火系统、火灾自动报警系统而降低内部装修材料燃烧性能等级的，还应检查其上述措施、系统是否处于完好、有效状态。

5 室外消防监督检查

✓ (1) 消防车道

消防车道

◆ **概念**

→ 消防车道是指满足消防车通行、灭火和抢险救援需要的道路。

→ 消防车道可以使消防车顺利到达现场，消防人员及时迅速地开展火灾扑救和应急救援，最大限度地减少人员伤亡和财产损失。

→ 消防车道形式分为一般消防车道、环形消防车道和尽头式消防车道等。

图　消防车道

◆ **设置要求**

→ 当建筑物的沿街道部分的长度超过150m或总长度超过220m时，应在适当位置设置穿过建筑物的消防车道。确有困难时，应设置环形消防车道。

→ 有封闭内院或天井的建筑物，当内院或天井的短边长度超过24m时，宜设置进入内院或天井的消防车道。在穿过建筑物或进入建筑物内院的消防车道上，不应设置影响消防车通行的设施。

<table>
<tr>
<td rowspan="2">消防车道</td>
<td>

→一般消防车道可利用交通道路；环形消防车道至少应有两处与其他车道连通；尽头式消防车道应设回车道或回车场，回车场面积不应小于 12m × 12m（高层民用建筑不宜小于 15m × 15m），供重型消防车使用的回车场面积不宜小于 18m × 18m。

→消防车道的净宽度和净空高度均不应小于 4m，转弯半径应满足消防车转弯的要求。

→消防车道的坡度不宜大于 8%。供消防车停留的操作场地，其坡度不宜大于 3%。

→消防车道距高层建筑或大型公共建筑的外墙宜大于 5m 但不宜大于 15m。

→消防车道与材料堆场堆垛的最小距离不应小于 5m。

→消防车道的路面、救援操作场地、消防车道和救援操作场地下面的管道和暗沟等应能承受重型消防车的压力。

→消防车道与厂房、仓库、民用建筑之间不应设置妨碍消防车作业的树木、电力设施、架空管线、广告牌等障碍物。

◆检查

→根据竣工验收资料和有关消防设计文件，现场核查确定消防车道设置位置和形式是否改变，消防车道标志是否醒目、完好。

→沿消防车道行走，检查消防车道以下畅通情况：
①通道路面是否设置妨碍消防车通行的停车泊位、路桩、隔离墩、地锁等障碍物。
②车道两侧、上方是否有影响通行和作业的电力设施、架空管线、广告牌、围墙、栅栏、树木等障碍物。
③回车场地面及四周是否设置有妨碍消防车回车操作的障碍物等。
④控制车辆、人员进出的电子栅栏、栏杆等是否具有在应急时开启的措施。

→对化工贮罐区检查时，应注意检查消防车道路两侧排水沟是否与贮灌区、化工装置区排污管道相连接。

→必要时可利用消防车实地检验消防车道的通行、转弯、登高等作业情况，消防车道路基承载能力和消防车作业场地空间是否满足要求以及供消防车取水的通道是否保证消防车顺利通行、停靠、取水及回车等。

</td>
</tr>
</table>

（2）消防水池

消防监督员便携手册

消防水池

◆消防水池的概念

→消防水池是一种人工建造的贮存消防用水的设施。

◆封闭消防水池贮水量的检查

→设有电子水位仪的，可直接读取贮水量。

→设有机械式水位计的，应进行以下操作：

①先确认液位计上端阀处于开启状态、下端排水阀处于关闭状态，然后打开液位计进水阀，观察浮标的升起高度，读取水池液位高度，依据水池截面面积，计算实有贮水量。

②根据计算结果，判断实有贮水量是否满足设计文件要求。

③关闭液位计进水阀，打开排水阀，排出液位计内余水。

◆露天消防水池贮水量的检查

→根据水位标尺读数及水池几何形状、尺寸，计算露天消防水池的实有贮水量，判断其是否满足消防设计要求。

图 水位标尺

◆消防用水保证措施

→在水池清洗时，专门检查合用消防水池是否采取了保证消防用水不被他用的措施。

→在寒冷季节，检查消防水池的防冻措施是否有效。

→露天消防水池还应检查其池底淤泥厚度和水面杂物情况是否影响到消防泵组取水。

消防水池	**◆消防水池组件功能** →检查消防水池的排污管、溢流管是否引向集水井，通气孔是否畅通等。 →检查浮球控制阀是否处于开启状态，手动检查其启闭性能是否良好。（方法：向下按压浮球，观察浮球控制阀是否开启并保持进水通畅；松开浮球，观察浮球控制阀是否关闭并保持无水流出。） →查看消防水池供消防车取水的取水口保护措施是否完好、标志是否清晰，有无被圈占、遮挡的现象。 图　浮球控制阀

✅ (3) 室外消火栓系统

室外消火栓系统	**◆组成** →干式室外消火栓系统一般由干式室外消防给水管网、室外消火栓、雨淋阀（干式报警阀）和消防水源等组成。 →湿式室外消火栓系统主要由消防水源、供水设施、室外消防给水管网和室外消火栓（消防水鹤）等组成。  图　室外消火栓

(续)

◆ **设置范围**

→ 在城市、居住区、工厂、仓库等的规划和建筑设计中，必须同时设计消防给水系统；城镇（包括居住区、商业区、开发区、工业区等）应沿可通行消防车的街道设置市政消火栓系统。

→ 民用建筑、厂房（仓库）、贮罐（区）、堆场周围应设室外消火栓。

→ 用于消防救援和消防车停靠的屋面上，应设置室外消火栓系统。

→ 耐火等级不低于二级，且建筑物体积小于或等于 3000m³ 的戊类厂房；或居住区人数不超过 500 人，且建筑物层数不超过两层的居住区，可不设置室外消防给水系统。

◆ **市政消火栓的设置要求**

→ 市政消火栓宜采用地上式室外消火栓；在严寒、寒冷等冬季结冰地区宜采用干式地上式室外消火栓，严寒地区宜增设消防水鹤。

→ 当采用地下式室外消火栓时，地下消火栓井的直径不宜小于 1.5m，且当地下式室外消火栓的取水口在冰冻线以上时，应采取保温措施。

→ 地下式市政消火栓应有明显的永久性标志。

→ 市政消火栓宜采用直径 DN150mm 的室外消火栓，并应符合下列要求：

①室外地上式消火栓应有一个直径为 150mm 或 100mm 和两个直径为 65mm 的栓口。

②室外地下式消火栓应有直径为 100mm 和 65mm 的栓口各一个。

→ 市政消火栓宜在道路的一侧设置，并宜靠近十字路口，但当市政道路宽度超过 60m 时，应在道路的两侧交叉错落设置市政消火栓。

→ 市政桥桥头和城市交通隧道出入口等市政公用设施处，应设置市政消火栓，其保护半径不应超过 150m，间距不应大于 120m。

室外消火栓系统	→市政消火栓应布置在消防车易于接近的人行道和绿地等地点，且不应妨碍交通。 →应避免设置在机械易撞击的地点，确有困难时，应采取防撞措施。距路边不宜小于 0.5m，并不应大于 2m，距建筑外墙或外墙边缘不宜小于 5m。 →当市政给水管网设有市政消火栓时，其平时运行工作压力不应小于 0.14MPa，火灾发生时水力最不利市政消火栓的出流量不应小于 15L/s，且供水压力从地面算起不应小于 0.1MPa。 →严寒地区在城市主要干道上设置消防水鹤的布置间距宜为 1000m，连接消防水鹤的市政给水管的管径不宜小于 DN200mm，发生火灾时消防水鹤的出流量不宜低于 30L/s，且供水压力从地面算起不应小于 0.1MPa。 ◆**建筑室外消火栓的设置要求** →数量应根据室外消火栓设计流量和保护半径经计算确定。 →保护半径不应大于 150m。 →每个室外消火栓的出流量宜按 10~15L/s 计算。 →室外消火栓宜沿建筑周围均匀布置，且不宜集中布置在建筑一侧。 →建筑消防扑救面一侧的室外消火栓数量不宜少于 2 个。 ◆**人防工程、地下工程等建筑室外消火栓的设置要求** →应在出入口附近设置室外消火栓。 →距出入口的距离不宜小于 5m，并不宜大于 40m。 →停车场的室外消火栓宜沿停车场周边设置，与最近一排汽车的距离不宜小于 7m，距加油站或油库不宜小于 15m。 ◆**甲、乙、丙类液体贮罐区和液化烃贮罐区等构筑物室外消火栓的设置要求** →应设在防火堤或防护墙外。 →数量应根据每个罐的设计流量经计算确定。 →距罐壁 15m 范围内的消火栓，不应计算在该罐可使用的数量内。

◆ **工艺装置区室外消火栓的设置要求**

→ 采用高压或临时高压消防给水系统的场所，其周围应设置室外消火栓，数量应根据设计流量经计算确定，且间距不应大于60m。

→ 当工艺装置区宽度大于120m时，宜在该装置区内的路边设置室外消火栓。

→ 当工艺装置区、罐区、堆场、可燃气体和液体码头等构筑物的面积较大或高度较高，室外消火栓的充实水柱无法完全覆盖时，宜在适当部位设置室外固定消防炮。

→ 当工艺装置区、贮罐区、堆场等构筑物采用高压或临时高压消防给水系统时，其室外消火栓处宜配置消防水带和消防水枪，工艺装置区等需要设置室内消火栓的场所，应设置在工艺装置区休息平台处。

◆ **其他设置要求**

→ 当室外消防给水引入管设有倒流防止器且发生火灾时因其水头损失导致室外消火栓不能满足《消防给水及消火栓系统技术规范》（GB 50974—2014）第7.2.8条的要求，应在该倒流防止器前设置一个室外消火栓。

◆ **给水系统选择**

→ 城乡市政消火栓系统宜采用低压给水系统。

→ 建筑物室外消火栓系统宜采用低压给水系统，当不能满足要求时，应采用高位消防水池或临时高压消防给水系统，或同室内消防给水系统合并。

→ 室外贮罐区的室外消火栓（消防炮）系统，应采用高压或自动启泵的临时高压消防给水系统。

→ 堆场的室外消火栓（消防炮）系统宜采用高压或自动启泵的临时高压消防给水系统。

室外消火栓系统

（续）

◆外观检查

→查看消火栓组件是否缺损；栓口是否存在漏水现象。

◆操作性能检查要点

→使用消火栓扳手检查消火栓闷盖、阀杆操作是否灵活。

→检查地下消火栓井盖是否能顺利开启，井内是否存有积水以及妨碍操作的杂物等。

→检查消防水鹤附近是否存在影响消防车停靠取水的高空障碍物，检查水鹤回转、伸缩机构是否灵活等。

图 消防水鹤

◆功能检查要点

→利用消火栓测试接头，检查消火栓供水压力是否满足消防设计文件要求；条件许可的情况下，同时打开多只室外消火栓管网上的消火栓，检查其达到最大流量时供水压力是否满足消防设计文件要求。

→采用临时高压消防给水系统的，还应在测试消火栓供水情况的同时检查消防泵组能否自动启动，启动后水泵供水压力及流量是否符合设计要求。

→采用常高压消防给水系统的，还应检查其达到最大流量时供水压力是否满足消防设计文件要求。

室外消火栓系统

5

室外消防监督检查

（4）建筑幕墙

建筑幕墙

◆ **建筑幕墙的概念**

→ 建筑幕墙是指建筑物不承重的外墙围护，通常由面板（玻璃、铝板、石板、陶瓷板等）和后面的支承结构（铝横梁立柱、钢结构、玻璃肋等）组成。

→ 可以有效避免其当受到火烧或受热时，出现破碎，甚至造成大面积的破碎事故，导致火势迅速蔓延，酿成大火灾，危及人身和财产的安全，出现所谓的"引火风道"。

◆ **基本要求**

- 窗槛墙、窗间墙的填充材料应采用防火封堵材料。

- 幕墙与每层楼板交界处的水平缝隙和隔墙处的垂直缝隙应用防火封堵材料严密填实。

- 对无窗槛墙的建筑幕墙，应在每层楼板外沿设置耐火极限不低于1.00h、高度不低于1.20m的不燃烧性实体墙或防火玻璃墙。当室内设有自动喷水灭火系统时，该部分墙体高度不低于0.8m。

◆ **检查要点**

→ 根据竣工验收资料和有关消防设计文件，核对建筑幕墙的防火分隔措施、裙墙设置形式、填充材料是否发生改变。

→ 查看建筑幕墙中窗槛墙、窗间墙的填充材料是否采用不燃烧材料，填充是否密实。当外墙采用耐火极限不低于1.00h的不燃烧体时，其墙内填充材料可采用难燃烧材料。

→ 建筑幕墙若无窗槛墙，是否在每层楼板外沿设置耐火极限不低于1.00h、高度不低于1.20m的不燃烧性实体墙或防火玻璃墙。检查这部分墙体时，应注意同时检查该楼板的上、下层相应部位。

6 消防安全管理监督检查

✅ (1) 有关建筑、场所合法性的检查

有关建筑、场所合法性的检查

◆ 消防手续办理情况

→建筑物或者场所属于国务院公安部门规定的大型的人员密集场所和其他特殊建设工程的，是否依法经消防验收合格。

→建筑物或者场所不属于国务院公安部门规定的大型的人员密集场所和其他特殊建设工程的，是否进行竣工验收消防备案。

→依法进行竣工验收消防备案抽查的建筑物或者场所，是否经抽查合格。

→属于公众聚集场所的，除检查上述内容外，还应检查其是否经投入使用、营业前消防安全检查合格。

◆ 属于国务院公安部门规定的大型人员密集场所

→建筑总面积大于20000m² 的体育场馆、会堂，公共展览馆、博物馆的展示厅。

→建筑总面积大于15000m² 的民用机场航站楼、客运车站候车室、客运码头候船厅。

→建筑总面积大于10000m² 的宾馆、饭店、商场、市场。

→建筑总面积大于2500m² 的影剧院，公共图书馆的阅览室，营业性室内健身、休闲场馆，医院的门诊楼，大学的教学楼、图书馆、食堂，劳动密集型企业的生产加工车间，寺庙、教堂。

→建筑总面积大于1000m² 的托儿所、幼儿园的儿童用房，儿童游乐厅等室内儿童活动场所，养老院、福利院，医院、疗养院的病房楼，中小学校的教学楼、图书馆、食堂，学校的集体宿舍，劳动密集型企业的员工集体宿舍。

→建筑总面积大于500m² 的歌舞厅、录像厅、放映厅、卡拉OK厅、夜总会、游艺厅、桑拿浴室、网吧、酒吧，具有娱乐功能的餐馆、茶馆、咖啡厅。

（续）

有关建筑、场所合法性的检查

◆ **属于国务院公安部门规定的其他特殊建设工程**

→ 设有国务院公安部门规定的大型人员密集场所的建设工程。

→ 国家机关办公楼、电力调度楼、电信楼、邮政楼、防灾指挥调度楼、广播电视楼、档案楼。

→ 以上两项规定以外的单体建筑面积大于 40000m² 或者建筑高度超过 50m 的公共建筑。

→ 国家标准规定的一类高层住宅建筑。

→ 城市轨道交通、隧道工程，大型发电、变配电工程。

→ 生产、贮存、装卸易燃易爆危险物品的工厂、仓库和专用车站、码头，易燃易爆气体和液体的充装站、供应站、调压站。

◆ **使用情况检查**

→ 是否擅自扩建

对原有建筑、场所擅自进行扩充建设以增加建筑使用面积、层数。

→ 是否擅自改建

对原有建筑擅自进行改造建设，使其外形、特点、内部构造或功能布局、性质或作用等发生改变，具体改建行为包括对建筑或者场所进行室内外装修、在建筑外墙上设置保温材料、变更用途等。

→ 生产、贮存、经营易燃易爆危险品的建筑内是否设置了居住场所；设有生产车间、仓库的建筑内是否设置了员工集体宿舍。

◆ **特别需要关注的几种情形**

→ 用途待定的标准厂房

由于没有生产使用的针对性，大多数按照丙类生产火灾危险性等级进行设计，但租赁或出售后往往用于较高火灾危险性等级的生产经营，或用于作劳动密集型企业的生产加工车间，原有的耐火等级、消防设施、疏散通道数量和宽度等难以满足消防安全需要。

有关建筑、场所合法性的检查	→彩钢板建筑 ①很多彩钢板建筑为未办理任何消防手续私自搭建，存在建筑整体耐火等级低、防火分区扩大等问题。 ②由于彩钢板芯材多用聚苯乙烯、聚氨酯泡沫等易燃材料，发生火灾后蔓延速度快，燃烧产物毒性大，极易造成重大人员伤亡和财产损失。 →住宅改为群租房或小型旅馆的现象 ①群租房或小型旅馆住宿人员多，且多数由住宅私自改建而成，存在与相邻建筑防火间距不足、安全疏散严重不符合要求、消防设施器材未按规定配置、大量采用易燃可燃材料装修、用火用电等日常消防安全管理混乱等诸多消防安全问题。 ②这类场所开设随意、隐蔽、快速，遍布城乡，面广量大，消防安全失控漏管现象突出。

✔ （2）有关消防安全制度的检查

有关消防安全制度的检查	◆ **消防安全责任制检查** →是否建立各级、各岗位消防安全责任制，即明确各级、各部门、各岗位的消防安全责任人及其职责、权限和消防安全工作目标、任务。 →消防安全重点单位是否确定消防安全管理人具体实施和组织落实本单位的消防安全工作。 →由两个以上单位管理或者使用的建筑物，是否明确各方的消防安全责任，是否确定责任人对共用的疏散通道、安全出口、建筑消防设施和消防车通道进行统一管理。 →居民住宅区物业服务企业是否落实对管理区域内的共用消防设施进行维护管理、提供消防安全防范服务的职责。 →是否对消防安全责任落实情况进行经常性检查，并实施考评奖惩。

（续）

有关消防安全制度的检查

◆ **消防安全管理制度检查**

→ 是否根据本单位消防安全工作的实际需要，有针对性地制定相应的消防安全管理制度。

→ 制定的各项消防安全管理制度是否得到切实有效的遵守和执行，反映制度落实情况的档案台账记录是否全面、客观、真实。

◆ **消防安全管理制度主要内容**

→ 消防安全教育、培训。

→ 防火巡查、检查；安全疏散设施管理。

→ 消防控制室管理及应急程序。

→ 消防设施、器材维护管理；火灾隐患整改；用火、用电安全管理。

→ 易燃易爆危险物品和场所防火防爆；专职和义务消防队的组织管理。

→ 灭火和应急疏散预案演练；燃气和电气设备的检查和管理（包括防雷、防静电）。

→ 消防安全工作考评和奖惩。

→ 其他必要的消防安全内容，如根据《人员密集场所消防安全管理》（GB/T 40248—2021）的规定，人员密集场所还应当建立消防安全例会制度。

◆ **用火安全管理的一般要求**

→ 单位应当建立用火、动火安全管理制度，明确用火、动火管理的责任部门和责任人，用火、动火的审批范围、程序和要求，以及电气焊工的岗位资格及其职责要求等内容。

→ 禁止在具有火灾、爆炸危险的场所吸烟、使用明火。商店、公共娱乐场所在营业期间禁止动火施工。严禁在禁放区域内燃放烟花爆竹。在划定的严禁烟火的部位或区域，应当设置醒目的禁烟火标志。

→ 进行电焊、气焊等具有火灾危险作业的人员，必须持证上岗，并遵守消防安全操作规程。

有关消防安全制度的检查	→公众聚集场所或者两个以上单位共同使用的建筑物局部施工需要使用明火时，施工单位和使用单位应当共同采取措施，保证施工及使用范围的消防安全。 →公众聚集场所或者两个以上单位共同使用的建筑物局部施工需要使用明火时，施工单位和使用单位应当共同采取措施，保证施工及使用范围的消防安全。 →动火施工现场应当落实以下消防安全措施，在确认无火灾、爆炸危险后方可动火施工： ①实行专职监护人。 ②将施工区和使用、营业区进行防火分隔。 ③清除动火区域的易燃、可燃物，严禁在裸露的可燃材料上直接进行动火作业；现场及其附近无法移走的可燃物，应采用不燃材料对其覆盖或隔离。 ④配置消防器材。 ⑤6级以上（含5级）风力时，应停止焊接、切割等室外动火作业，否则应采取可靠的挡风措施。 ⑥动火作业后，应对现场进行检查，确认无火灾危险后，动火操作人员方可离开。 →演出、放映场所需要使用明火效果时，应落实相关的防火措施。 →人员密集场所不应使用明火照明或取暖，如因特殊情况需要时应有专人看护。施工现场不应采用明火取暖。 →炉火、烟道等取暖设施与可燃物之间应采取防火隔热措施。 →厨房操作间炉灶使用完毕后，应将炉火熄灭。旅馆、餐饮场所、医院、学校等厨房的烟道应至少每季度清洗一次。排油烟机应定期清理油垢。 →厨房燃油、燃气管道应经常检查、检测和保养。

（续）

◆ 用电安全管理的一般要求

→ 单位应当建立用电防火安全管理制度，明确用电防火安全管理的责任部门和责任人，电气设备的采购要求，电气设备的安全使用要求，电气设备的检查内容和要求，电气设备操作人员的岗位资格及其职责要求。

→ 采购电气、电热设备，应选用合格产品，并应符合有关安全标准的要求。

→ 电气线路敷设、电气设备安装和维修应由具备职业资格的电工操作。

→ 配电屏上每个电气回路应设置漏电保护器、过载保护器。

→ 禁止私自改装供用电设施，不得随意乱接电线、擅自增加用电设备。

→ 电器设备周围、灯具应与可燃、易燃易爆和腐蚀性物品保持一定的安全间距。严禁在电气线路上悬挂、搭晾衣物等可燃物品。

→ 对电气线路、设备的运行及维护情况应定期检查、检测。严禁长时间超负荷运行，严禁带故障使用电气设备，严禁使用绝缘老化或失去绝缘性能的电气线路。

→ 商店、餐饮场所、公共娱乐场所营业结束时，应切断营业场所的非必要电源。

◆ 消防安全操作规程检查

→ 是否根据本单位消防安全工作的实际需要，有针对性地制定相应的消防安全操作规程。

→ 消防安全操作规程是单位特定岗位和工种人员必须遵守的，直接影响到消防安全，具有较强的专业技术性，但具体应当制定哪些内容的消防安全操作规程应视单位的实际情况而定。

→ 常用的消防安全操作规程一般包括消防设施操作；变配电设备操作；电气线路和设备安装操作；燃油、燃气设备及压力容器使用操作；电焊、气焊操作；化工装置操作等。

→ 各项消防安全操作规程是否明确了岗位人员资格要求，设施设备操作、检修的方法和程序，容易发生的问题及处置方法，操作注意事项等。

有关消防安全制度的检查

✅ （3）有关防火检查、巡查情况的检查

<table>
<tr>
<td rowspan="1">有关防火检查、巡查情况的检查</td>
<td>

◆ **防火检查情况检查**

→是否按规定组织实施防火检查

①防火检查由单位的消防安全责任人（管理人）组织，各部门负责人、相关人员参加。

②机关、团体、事业单位每季度组织一次防火检查，其他单位至少每月进行一次防火检查。

③人员密集场所防火检查还应符合"各岗位应每天一次，各部门应每周一次"的要求。

→防火检查的内容是否全面

①火灾隐患整改及防范措施落实情况，安全疏散通道、疏散指示标志、应急照明和安全出口情况。

②消防车通道、消防水源情况，灭火器材配置及有效情况，用火、用电有无违章情况。

③重点工种人员以及其他员工消防知识的掌握情况。

④消防安全重点部位的管理情况。

⑤易燃易爆危险物品和场所防火防爆措施的落实情况以及其他重要物资的防火安全情况。

⑥消防（控制室）值班情况和设施运行、记录情况，防火巡查情况，消防安全标志的设置情况和完好、有效情况，以及其他需要检查的内容。

→对检查发现的火灾隐患是否当场落实整改。

→对不能当场整改的是否报告上级主管人员，是否制定整改方案，落实整改资金、整改措施，并落实整改期间的防范措施。

→防火检查记录填写是否全面、规范，检查人员和被检查部门负责人是否在检查记录上签名；已整改的火灾隐患是否经消防安全责任人或者消防安全管理人签字确认。

</td>
</tr>
</table>

有关防火检查、巡查情况的检查

◆ 防火巡查情况检查

→ 是否由单位消防安全管理人组织单位相关人员实施。

→ 防火巡查的频次和时段是否符合要求

① 消防安全重点单位应当每日组织防火巡查，并确定巡查的人员、内容、部位和频次。其他单位可根据需要组织防火巡查。

② 公众聚集场所在营业期间的防火巡查应当至少每两小时一次；营业结束时应当对营业现场进行检查，消除遗留火种。

③ 医院、养老院、寄宿制的学校、托儿所、幼儿园应当组织每日夜间防火巡查，且不应少于 2 次，其他消防安全重点单位可以结合实际组织夜间防火巡查。

→ 防火巡查的内容是否全面

① 单位用火用电有无违章情况，安全出口、疏散通道是否畅通。

② 安全疏散指示标志、应急照明装置是否完好。

③ 消防设施、器材和消防安全标志是否在位、完整。

④ 常闭式防火门是否处于关闭状态。

⑤ 防火卷帘下是否堆放物品影响使用。

⑥ 消防安全重点部位的人员在岗情况，以及其他消防安全情况。

→ 对防火巡查发现的能够当场改正的火灾隐患是否及时督促整改；对不能当场整改的火灾隐患是否报告上级主管人员。

→ 防火巡查记录填写是否全面、规范，巡查人员及其主管人员是否在巡查记录上签名。

◆ 对单位防火检查、巡查情况，可以采用的方法

→ 查阅相关制度、操作规程。

→ 查看有关值班操作人员消防职业资格证书、上岗证，防火检查、巡查记录，消防控制室值班记录，火灾隐患整改通知书及复查意见等消防档案台账。

→ 现场询问单位有关人员。

→ 检查测试建筑消防设施功能，实地核查单位消防安全状况及火灾隐患整改情况。

→ 调阅互联网社会单位消防安全户籍化管理系统信息等。

✓ （4）建筑消防设施器材维护管理情况检查

建筑消防设施器材维护管理情况检查

◆ 建筑消防设施维护管理制度检查

→ 是否明确建筑消防设施的维护管理归口部门、管理人员及其工作职责；是否建立建筑消防设施值班、巡查、检测、维修、保养、建档等制度，确保建筑消防设施正常运行。

→ 同一建筑物有两个以上产权、使用单位的，是否明确建筑消防设施的维护管理责任，对建筑消防设施实行统一管理，并以合同方式约定各自的权利义务。委托物业等单位统一管理的，是否签订合同约定建筑消防设施维护管理职责。

→ 自身不具备检测以及维修、保养能力的，是否与消防技术服务机构签订消防设施维修、检测、保养合同。

◆ 建筑消防设施值班检查

→ 对消防设施值班情况、消防控制室检查的有关要求进行检查。

◆ 建筑消防设施器材巡查检查

→ 巡查职责是否落实到相关工作岗位。巡查人员是否通过消防行业特有工种职业技能鉴定，持有初级技能以上等级的职业资格证书。

→ 各类建筑消防设施器材的巡查部位、频次和内容是否明确。

→ 对巡查发现的故障是否向单位消防安全管理人报告并按规定及时处理。

→ "建筑消防设施巡查记录表""建筑消防设施故障维修记录表"填写是否全面、规范、真实。

◆ 建筑消防设施器材巡查频次

→ 公共娱乐场所营业时，应结合公共娱乐场所每 2h 巡查一次的要求，视情况将建筑消防设施器材巡查部分或全部纳入其中，但全部建筑消防设施器材应保证每日至少巡查一次。

→ 消防安全重点单位，每日巡查一次。

→ 其他单位，每周至少巡查一次。

6
消防安全管理监督检查

（续）

建筑消防设施器材维护管理情况检查

◆ 建筑消防设施检测检查

→ 从事建筑消防设施检测的人员，是否持有中级技能等级以上建（构）筑物消防员职业资格证书。

→ 是否每年至少检测一次，检测对象包括全部系统设备、组件等。设有自动消防系统的宾馆、饭店、商场、市场、公共娱乐场所等人员密集场所、易燃易爆单位以及其他一类高层公共建筑等消防安全重点单位，是否每年年底前将年度检测记录报当地公安机关消防机构备案。

→ 对各种消防设施的检测是否符合《建筑消防设施检测规程》的要求，并如实填写"建筑消防设施检测记录表"的相关内容。

◆ 建筑消防设施维修检查

→ 从事建筑消防设施维修的人员，是否持有中级技能等级以上建（构）筑物消防员职业资格证书。

→ 单位消防安全管理人接到建筑消防设施存在问题和故障的报告后，是否立即通知维修人员进行维修。

→ 故障排除后是否进行相应功能试验并经单位消防安全管理人检查确认。维修情况是否记入"建筑消防设施故障维修记录表"。

→ 维修期间，是否采取确保消防安全的有效措施。

◆ 建筑消防设施保养检查

→ 是否制订建筑消防设施维护保养计划，明确消防设施的名称、维护保养的内容和周期。

→ 从事建筑消防设施保养的人员是否持有中级技能等级以上建（构）筑物消防员职业资格证书。

→ 凡依法需要计量检定的建筑消防设施所用称重、测压、测流量等计量仪器仪表以及泄压阀、安全阀等，是否按有关规定进行定期校验并提供有效证明文件。

→ 单位是否贮备一定数量的建筑消防设施易损件或与有关产品厂家、供应商签订相关合同，以保证供应。

→ 是否按照《建筑消防设施的维护管理》（GB 25201—2010）第9.2 条规定的要求和方法进行建筑消防设施维护保养，并填写"建筑消防设施维护保养记录表"。

建筑消防设施器材维护管理情况检查	**◆ 建筑消防设施档案检查** →建筑消防设施档案的内容是否全面 ① 基本情况包括建筑消防设施的验收意见和产品、系统使用说明书，系统调试记录，建筑消防设施平面布置图，建筑消防设施系统图等原始技术资料。 ②动态管理情况包括建筑消防设施的值班记录、巡查记录、检测记录、故障维修记录以及维护保养计划、维护保养记录、自动消防控制室值班人员基本情况档案及培训记录。 →建筑消防设施档案的保存期限是否符合规定 ①建筑消防设施的原始技术资料应长期保存。 ② "消防控制室值班记录表"和"建筑消防设施巡查记录表"的存档时间不应少于一年。 ③ "建筑消防设施检测记录表""建筑消防设施故障维修记录表""建筑消防设施维护保养计划表""建筑消防设施维护保养记录表"的存档时间不应少于五年。

✓ （5）有关宣传教育培训情况的检查

有关宣传教育培训情况的检查	**◆ 消防安全宣传教育检查** →是否明确机构和专兼职人员，落实消防宣传经费，制订消防宣传教育计划并组织实施。 →是否做到全员参与，并根据不同层次和岗位消防安全工作需要，有针对性地开展消防宣传教育工作。 →单位消防宣传教育的内容应当包括： ① 关消防法规、消防安全制度和保障消防安全的操作规程。 ②本单位、本岗位的火灾危险性和防火措施。 ③有关消防设施的性能、灭火器材的使用方法。 ④报火警、扑救初起火灾以及自救逃生的知识和技能。 →是否设置消防宣传栏等消防宣传教育阵地，配备消防安全宣传教育资料，经常开展消防安全宣传教育活动；单位广播、闭路电视、电子屏幕、局域网等是否经常宣传消防安全知识。

（续）

→ 对公众开放的人员密集场所营业活动期间，是否通过张贴图画、消防刊物、视频、网络、举办消防文化活动等形式向公众宣传防火、灭火和应急逃生等常识。

→ 公共娱乐场所的卡拉 OK 厅及其包房内，是否设置声音或者视像警报，保证在火灾发生初期，将各卡拉 OK 房间的画面、音响消除，播送火灾警报，引导人们安全疏散。

→ 是否根据自身特点，设置提示性、警示性、禁止性消防安全标志或图示。

◆ 开展"三提示"工作方面的检查

→ 在醒目位置悬挂、张贴、设置提示场所火灾危险性和疏散逃生方法的文字说明和示意图；设有电子显示屏和户外视频的每天滚动播放消防安全提示和消防常识。

→ 提示场所内简易防护面罩、手电筒等设施器材具体放置位置和使用方法。常闭式防火门、手动火灾报警按钮、消火栓箱、灭火器箱上张贴提示设施性能和使用方法的示意图。

→ 电影院、录像厅等场所在影片放映前播放消防公益广告，向观众提示场所的火灾危险性和发生火灾后如何疏散逃生。

→ KTV 等具有点歌计算机操作系统的场所设置"三提示"开机视频，歌曲切换停顿时随机播放消防安全提示画面。

→ 宾馆房间电视开机播放消防安全提示视频，床头或房内其他醒目位置摆放消防安全提示卡，门后张贴楼层疏散逃生路线图。

→ 网吧等场所在计算机显示屏开启和从保护屏进入桌面时提示消防安全内容，有条件的可将"三提示"内容设置成游戏关口的进入方式。

◆ 消防安全培训检查

→ 单位是否对每名员工至少每年进行一次消防安全培训，其中公众聚集场所对员工是否至少每半年进行一次消防安全培训。单位新上岗和进入新岗位的员工上岗前是否经消防安全培训。

有关宣传教育培训情况的检查	→ 是否将本单位的火灾危险性、防火灭火措施、消防设施及灭火器材的操作使用方法、人员疏散逃生知识等作为培训的重点。 → 员工是否懂得基本消防常识，掌握消防设施器材使用方法和逃生自救技能，是否会查找火灾隐患、扑救初起火灾和组织人员疏散逃生。特定单位场所或者岗位的员工是否掌握规定的消防安全知识和技能，如公众聚集场所的工作人员是否掌握组织、引导在场群众疏散的知识和技能。 → 单位的消防安全责任人、消防安全管理人、专（兼）职消防管理人员、消防控制室的值班和操作人员等是否按照有关规定接受消防安全专门培训。 → 从事电、气焊等具有火灾危险作业的人员是否持证上岗。 └ 消防控制室值班、操作人员是否取得相应等级的消防行业特有工种职业资格证书，是否掌握消防控制室管理及应急处置程序，能正确操作使用消防控制设备。

✓ (6) 有关灭火和应急疏散预案及演练情况的检查

有关灭火和应急疏散预案及演练情况的检查	◆ **灭火和应急疏散预案检查** └ 灭火和应急疏散预案是否制定并符合单位生产经营性质、规模、火灾危险性等实际情况，预案内容是否全面，设置的程序和措施是否科学、合理，具有可操作性。 ①明确火灾现场通信联络、灭火、疏散、救护、保卫等任务的负责人。规模较大的人员密集场所应由专门机构负责，组建各职能小组，包括灭火行动组、通信联络组、疏散引导组、安全防护救护组，并明确各小组负责人、组成人员及其职责。 ②报警和接警处置程序。 ③应急疏散的组织程序和措施。 ④扑救初起火灾的程序和措施。 ⑤通信联络、安全防护和人员救护的程序和保障措施。

有关灭火和应急疏散预案及演练情况的检查	→灭火和应急疏散预案所确定的机构及人员是否符合实际，职责是否明确。相关人员是否熟悉单位情况及预案内容，是否掌握应急处置程序和要求。 →灭火和应急疏散预案中的常见问题： ①没有定期组织员工熟悉灭火和应急疏散预案。 ②单位相关机构和人员变动后，没有及时对预案中的组织机构和人员进行调整。 ③报警和接处警程序错误，如先立足单位内部自救，处置不了后再拨打 119 电话等。 **◆灭火和应急疏散演练检查** →消防安全重点单位是否至少每半年组织一次、其他场所是否至少每年组织一次灭火和应急疏散预案演练。 →演练的组织、程序和措施等是否与预案相吻合，与单位实际情形是否一致。 →灭火和应急疏散演练常见问题： ①没有组织经营场所内的消费者参加演练。 ②只侧重于人员疏散演练而没有开展灭火救援演练。 ③忽视对通信联络、安全防护工作的演练。 ④没有针对消防安全重点部位发生火灾等重大火灾风险开展演练等。 →是否在演练现场设置明显标识并事先告知演练范围内的人员。 →是否根据演练情况及存在的问题，进一步修订完善预案。 →演练情况是否如实记录并连同有关资料存档。

参 考 文 献

[1] 中华人民共和国住房和城乡建设部. 建筑设计防火规范：GB 50016—2014 [S]. 北京：中国计划出版社，2014.

[2] 中华人民共和国住房和城乡建设部. 爆炸危险环境电力装置设计规范：GB 50058—2014 [S]. 北京：中国计划出版社，2014.

[3] 全国消防标准化技术委员会第八分技术委员会. 防火卷帘：GB 14102—2005 [S]. 北京：中国标准出版社，2005.

[4] 公安部天津消防研究所，深圳蓝盾实业有限公司，沈阳强盾防火门有限公司，等. 防火门：GB 12955—2008 [S]. 北京：中国标准出版社，2009.

[5] 公安部天津消防研究所、广东金刚玻璃科技股份有限公司、天津名门防火建材实业有限公司. 防火窗：GB 16809—2008 [S]. 北京：中国标准出版社，2009.

[6] 中华人民共和国住房和城乡建设部. 自动喷水灭火系统设计规范：GB 50084—2017 [S]. 北京：中国计划出版社，2017.

[7] 公安部天津消防研究所，广州泰昌实业有限公司，等. 建筑通风和排烟系统用防火阀门：GB 15930—2007 [S]. 北京：中国标准出版社，2008.

[8] 公安消防局. 中国消防手册（第一卷）：总论·消防基础理论 [M]. 上海：上海科学技术出版社，2010.

[9] 公安消防局. 中国消防手册（第三卷）：消防规划·公共消防设施·建筑防火设计 [M]. 上海：上海科学技术出版社，2006.

[10] 公安消防局. 中国消防手册（第六卷）：公共场所·用火用电防火·建筑消防设施 [M]. 上海：上海科学技术出版社，2007.

[11] 徐晓楠. 消防燃烧基础 [M]. 北京：机械工业出版社，2013.

[12] 杜文峰. 消防燃烧学 [M]. 北京：中国人民公安大学出版社，2006.

[13] 屈立军. 建筑防火 [M]. 北京：中国人民公安大学出版社，2006.

[14] 张树平. 建筑防火设计 [M]. 北京：中国建筑工业出版社，2001.

[15] 杜红. 防排烟技术 [M]. 北京：中国人民公安大学出版社，2014.

[16] 程远平，朱国庆. 水灭火工程 [M]. 北京：中国建筑工业出版社，2009.

[17] 张学魁．建筑灭火设施 [M]．北京：中国人民公安大学出版社，2004.

[18] 朱耀辉．现代消防管理实用知识问答 [M]．上海：上海科学技术出版社，2011.

[19] 公安部政治部．工业企业防火工程 [M]．北京：警官教育出版社，1998.